Günter Krinetzki

Von Samuel bis David

Die Bücher Samuel

Verlag Katholisches Bibelwerk
Stuttgart

Stuttgarter Kleiner Kommentar

— Altes Testament 6 —

Herausgegeben von
Gabriele Miller und Franz Josef Stendebach

ISBN 3-460-05061-6
Mit kirchlicher Druckerlaubnis

Lektorat: Martha Buck
Gesamtherstellung: Feindruck Franz Pistotnik, Dieselstraße 20,
7016 Gerlingen

Inhalt

Einleitung

Der *Name* der beiden hier zu behandelnden alttestamentlichen Bücher lautet in der hebräischen Bibel und danach in den meisten deutschen Übersetzungen „die Samuelbücher" oder „1 und 2 Samuel"; in der Septuaginta (wichtigste griechische Übersetzung des Alten Testaments) werden die beiden Bücher zusammen mit den Königsbüchern als „1. bis 4. Buch der Königsherrschaften" durchgezählt, ähnlich ist der Sachverhalt in der Vulgata (die lateinische Übersetzung des Hieronymus aus dem Hebräischen), die vom „1. bis 4. Buch der Könige" spricht. Der erste Name setzt die Auffassung voraus, Samuel habe diese Bücher selbst abgefaßt. Dies ist jedoch schon deswegen unmöglich, weil bereits 1 Sam 25 vom Tode Samuels berichtet. Der griechisch-lateinische Name wäre somit an sich vorzuziehen. Ursprünglich bildeten beide Bücher nur ein einziges Buch. Die *Aufteilung* in zwei Bücher geht auf die Septuaginta zurück. In der hebräischen Bibel setzte sie sich erst im fünfzehnten Jahrhundert durch. An sich jedoch bilden die Samuel- zusammen mit den Königsbüchern den Hauptbestand des sogenannten *deuteronomistischen Geschichtswerkes* (die Bücher Deuteronomium, Josua, Richter, 1 und 2 Samuel, 1 und 2 Könige). Allerdings sind die Spuren der deuteronomistischen Redaktion in 1 und 2 Sam relativ minimal. Wichtiger als nach ihr ist deshalb die Frage nach den in die beiden Bücher eingebrachten *Traditionen und Quellen.* Dazu ist zu sagen: Es gibt Erzählungen lokalgebundenen Ursprungs, aus Archiven stammende Stücke, zunächst einzeln überlieferte poetische Stücke und größere Einheiten, die schon vor ihrer Aufnahme in den heutigen Kontext ein literarisches Eigenleben führten, zum Beispiel die Ladeerzählung (1 Sam 4—6; 2 Sam 6) und die Thronfolgegeschichte (2 Sam 9—20; 1 Kön 1—2) mit dem in sie eingeschobenen Ammoniterkriegsbericht (2 Sam 10—12). Das Nebeneinander verschiedener Überlieferungen tritt am stärksten in den Saulgeschichten hervor (1 Sam 16—2 Sam 1).

Das eben Angedeutete führt uns zur *Inhaltsangabe:* 1 und 2 Sam berichten vom Ende der Richterzeit und den Anfängen des israelitischen und des judäischen Königtums unter Saul und David. Weithin hat sich die folgende Gliederung des Stoffes durchgesetzt:

I	1 Sam 1—7	Eli und Samuel
II	1 Sam 8—15	Samuel und Saul
III	1 Sam 16—2 Sam 1	Saul und David
IV	2 Sam 2—12	David und sein Reich
V	2 Sam 13—20	(+ 1 Kön 1—2) David und seine Thronfolge
VI	2 Sam 21—24	Nachträge zur Davidgeschichte

Überall wird das behutsame Vorgehen des Endverfassers dem überkommenen Stoff gegenüber sichtbar, aber auch seine Absicht, in einer bestimmten, theologisch ziemlich klaren Weise den Stoff zu ordnen. Die *theologische Grundeinstellung* des deuteronomistischen Endverfassers wird in je anderer Weise bei Samuel, Saul und David sichtbar. Samuel ist der schon im Mutterleibe vorherbestimmte, erwählte Gottesmann, der wie Mose zum Zweck der Leitung des Gottesvolkes priesterliche und prophetische Züge in sich vereinigt. Saul wird widersprüchlich geschildert. Er ist der Erwählte und zugleich Verworfene, jedenfalls eine bedeutende Persönlichkeit, mit der sich David sein Leben lang auseinanderzusetzen hatte. David ist dem Endverfasser wie der von ihm weitertradierten Überlieferung der Mann, „mit dem“ Jahwe war, der Vorherbestimmte und ganz besonders Erwählte, ja der mit messianischem Glanz Umkleidete (vgl. 2 Sam 7), der große Soldat und kluge Politiker, der König, der im Heilsplan Gottes die unter Josua begonnene Landnahme abzuschließen und Jerusalem zur heiligen Stadt zu machen hatte. Zusammenfassend kann man sagen: Dem Verfasser geht es um die Voraussetzungen und Schwierigkeiten für ein Reich Gottes auf Erden. Das Ideal wurde nur unter David annähernd erreicht; diesem Gelingen ging das Scheitern Sauls voraus, und es folgte, wie freilich erst die Königsbücher zeigen, die vielfältige Untreue der Nachfolger Davids, die zur Verwerfung der Dynastie durch Gott und zum Ruin des Volkes im babylonischen Exil führte.

Auslegung

I. Eli und Samuel (1 Sam 1—7)

1. Samuels Geburt und Weihe an Jahwe (1 Sam 1,1—2,11a)

Die Königszeit beginnt mit der Geburt und Jugend des Königsmachers Samuel, der Richter, Levit und Prophet in einer Person ist. Seine Identität wird durch die Angabe seiner Heimat und Familie festgelegt (1,1—2). Seine Vorfahren werden bis in die fünfte Generation zurückverfolgt — ein Hinweis auf seine vornehme Abstammung. Der Wohnsitz der Familie, Ramatajim-Zofim, ist entweder das heutige Er-Ram, ungefähr acht Kilometer nördlich von Jerusalem, oder das neutestamentliche Arimatäa (vgl. Mt 27,57; Joh 19,38), das heutige Rentis, vierzehn Kilometer nordöstlich von Lydda/Lod; andere denken an Bet-Rima, acht Kilometer östlich von Rentis, bzw. an Ramalla. Die Polygamie des Vaters muß damals noch als akzeptabel angesehen worden sein; sie erklärt sich durch die Unfruchtbarkeit der ersten und bevorzugt geliebten Frau. Wie schon in den älteren Geburtsgeschichten großer Männer wird das Gnadenhafte bei der Zeugung Samuels durch das Motiv der ursprünglichen Unfruchtbarkeit der Mutter und ihrer Rivalität mit einer zunächst fruchtbaren Nebenbuhlerin zum Ausdruck gebracht (vgl. Gen 16,4—5; 30,1—3). Die Gewohnheit der Familie, jährlich das israelitische Zentralheiligtum Schilo (das heutige Selun, ein verfallenes arabisches Dorf, achtzehn Kilometer südsüdöstlich von Nablus), wohl zum Laubhüttenfest, dem alten Fest der Weinlese (vgl. Ri 21,19—24), aufzusuchen (1,3—8), soll als ein günstiges Indiz für die Frömmigkeit Elkanas und seiner Familie gewertet werden. In 1,3 kommt zum erstenmal im Alten Testament der Ausdruck „Herr der Heere" (hebräisch: „Jahwe Zebaot") vor, dessen Bedeutung umstritten ist. Im vorliegenden Kontext, in dem Gott in enger Beziehung zu Israels Kämpfen mit den Völkern seiner Umgebung steht, wird man am ehesten an den israelitischen Heerbann denken. Jedenfalls steht die Wendung zur Bundeslade, dem Tragheiligtum Israels während seiner Wüstenwanderung, das damals in Schilo aufbewahrt und bisweilen in der Schlacht mitgeführt wurde (vgl. 1 Sam 4,4—6), in Beziehung und drückt die Macht Jahwes (besonders im Kampf) aus. Hanna, die spätere Mutter Samuels, benutzt die Wallfahrt zu einem innigen, mit einem Gelübde bekräftigten Bittgebet um einen Sohn, den sie dem Dienst am Tempel weihen will, womit sie nach dessen tatsächlicher Geburt und der im Nahen Osten üblichen dreijährigen Stillperiode (2 Makk 7,27) auch Ernst macht (1,9—28). Die Übergabe des Knaben wird (nachträglich, vgl. V. 10) mit einem Danklied verbunden, das das spätere Magnifikat Mariens (Lk 1,46—55) vorbereitet (2,1—10).

2. *Samuel und die Söhne Elis (1 Sam 2,11b—26)*

Von hier ab bis zum Schluß des Kapitels laufen zwei Erzählungsstränge nebeneinander. Der eine hat es mit dem heranwachsenden Samuel, der andere mit der Sünde und Bestrafung der beiden priesterlichen Söhne des Hohenpriesters Eli zu tun. Der Verfasser will dadurch den Erfolg Samuels auf dem Hintergrund des Untergangs der Eliden entsprechend stark hervorheben (ähnlich verhält es sich mit dem Nebeneinander des Scheiterns und Abtretens Sauls und des Immer-mächtiger-Werdens Davids oder mit dem Zurücktreten des Vorläufers und dem Auftreten Jesu, vgl. Joh 3,30). Während die Söhne des Hohenpriesters mitten im Heiligtum an ihrer unwürdigen Habgier und Unzucht schuldig werden, wächst der kleine Samuel mehr und mehr in die Aufgaben eines vollkommenen Jahwepriesters hinein. Elis Mahnung an die Adresse seiner Söhne fruchtet nichts, sondern zieht nur wegen ihrer Unverbesserlichkeit das Zorngericht Gottes auf sie herab, während Samuel vom Wohlgefallen Gottes umfangen ist, das sich auch auf seine Mutter ausdehnt, die noch fünf weitere Kinder bekommt. Der Ausdruck „Zelt der Begegnung“ (V. 22) kennzeichnet ursprünglich das Zeltheiligtum der Wüstenzeit (Ex 38,8), in dem sich Jahwe seinem Volk von Fall zu Fall offenbarte (vgl. Num 7,89; 9,15—23; 12,4—10; 14,10). Hier ist damit jedoch schon ein fester Tempelbau gemeint.

3. Ein Prophet verkündet Eli die göttliche Strafe (1 Sam 2,27—36)

Aus der Bemerkung von 3,1, daß Propheten in jener Zeit selten waren, dürfte sich ergeben, daß der vorliegende Abschnitt ein späterer Einschub aus der Zeit der deuteronomistischen Bearbeitung ist, der wie die ähnlichen Stücke Ri 6,8—10; 9,7—20 aus dem Vorhergehenden die theologische Folgerung zieht. Danach standen alle bisher erzählten Geschehnisse unter der Einwirkung Gottes und seiner Heilspläne. Die Eliden sollten wegen ihrer Unwürdigkeit verworfen werden, das heißt im besten Mannesalter sterben, das Hohepriestertum einbüßen und unter die Leviten zurückverwiesen werden — eine verhältnismäßig milde Strafe! — Das Hohepriestertum und Priestertum soll einer anderen Familie zufallen. Dabei war zunächst gewiß an Samuel gedacht. Da dieser indes keine würdigen Nachkommen hinterließ, vor allem aber weil er selbst zu etwas noch Wichtigerem, nämlich zu einem prophetischen Führungsamt in Israel, berufen war, sollte das Priestertum der Eliden an den später so bekannten Stamm der Zadokiden übergehen. Hierin dürfte im wesentlichen die Situation der Eliden seit der Verbannung des Abjatar nach Anatot (1 Kön 2,26—27) und vor allem später, seit der Enthebung der Landpriester durch die deuteronomische Kultreform charakterisiert sein. Auch das Priestertum Israels ist dem Gericht Jahwes nicht entzogen, ihm vielmehr auf Grund seiner Vorzugsstellung und Würde besonders verfallen.

4. Samuel wird zum Propheten berufen (1 Sam 3,1—4,1a)

Die Weihe des Knaben Samuel zum Tempeldienst befähigte ihn noch nicht für die besondere Aufgabe, zu der er von Gott bestimmt war. Dazu bedurfte es einer besonderen Berufung, wie sie vor ihm schon einem Mose oder Gideon zuteil geworden war. Seine Berufung wird mit einem ihm gewährten Anruf Gottes in Zusammenhang gebracht, die der Junge während des Schlafs im Heiligtum von Schilo gehabt habe (wo er die „Lampe Gottes" hüten lernen oder aber einfach als Wächter fungieren sollte). Dabei sei die Sünde des Hauses Eli als eine unsühnbare hingestellt worden. Offenbar wird diese Sünde dafür haftbar gemacht, daß das Prophetentum zu dieser Zeit fast erloschen war. Nun gibt es aber wieder einen jungen, würdigen Priester in der Gestalt Samuels, den Gott mit dem Prophetenamt betrauen kann. Als Priester und Prophet in einem soll er darüber hinaus der geeignete und würdige Führer des Gottesvolkes sein. Auch später offenbarte sich ihm Jahwe am Heiligtum zu Schilo immer wieder (3,19). Erst mit der Erweckung eines neuen Propheten, das heißt der erneuten Anwesenheit des Wortes Gottes in Israel, kann sich die Geschichte des Gottesvolkes als Heilsgeschichte fortsetzen (4,1a).

5. *Der Verlust der Bundeslade (1 Sam 4,1b—22)*

Hinter Kapitel 4 scheint die Auffassung zu stehen, daß Israel infolge der Vergehen der Söhne Elis nicht mehr der persönlichen Gegenwart Gottes in der Lade würdig war. Die bisherigen Auseinandersetzungen mit den Philistern (Ri 15—17) waren vergleichsweise harmlos. Jetzt ging es um die entscheidende Auseinandersetzung zwischen Philistern und Israeliten hinsichtlich der Vormachtstellung in Palästina. Das Schlachtfeld liegt nördlich des eigentlichen Philistergebietes. Afek ist das heutige Ras el-Ain bei der Jarkonquelle. Eben-Eser läßt sich nicht genau lokalisieren; es handelt sich jedenfalls um einen anderen Ort als in 7,12, da er nach Vers 1 in der Nähe von Afek lag. Die Philister haben mit ihrem großangelegten Generalangriff Erfolg: Sie bringen Israel eine empfindliche Niederlage bei, ja sie erobern die ihnen anfänglich Furcht einflößende, dann aber all ihren Widerstand herausfordernde Bundeslade. (Die Wendung „der über den Kerubim thront", Vers 4, ist eine Anspielung auf die Gegenwart Jahwes über der Lade und deren Kerubimfiguren; sie impliziert die Vorstellung eines Gottesthrons.) In der Schlacht fallen auch die beiden zur Bedienung der Lade mit in den Kampf gezogenen Priestersöhne Elis zur Strafe für ihr unwürdiges Verhalten im Heiligtum (vgl. 2,11b—17). Die Nachricht von all dem, vor allem aber von dem Verlust der Lade, bereitet auch dem greisen Hohenpriester den Tod. So schnell hat sich das vorher verkündete Gottesgericht an den Eliden erfüllt! Jetzt erst erfahren wir übrigens, daß Eli auch richterlich tätig war (4,18b). Das bedeutet, daß Samuel präzis als Schüler und Nachfolger Elis, des vor ihm letzten „Richters" Israels, zu dem damals höchsten Amt im israelitischen Staatenbund gelangt ist (vgl. 7,2—17). Das ganze Elend des seiner Lade beraubten Israel spricht sich in der volksetymologischen Deutung des Namens des kleinen Enkels Elis aus, dessen vorzeitige Geburt der Mutter das Leben kostet (4,19—22). Doch wo die Not am größten, da ist der keineswegs an die Lade gebundene Gott Israels seinem Volk am nächsten, nämlich in seinem treuen Diener Samuel, dessen einziges Bestreben es war, auf die Stimme seines Gottes zu hören (3,10).

6. Das Schicksal der Lade bei den Philistern und ihre Rückgabe an Israel (1 Sam 5,1—7,1)

Die Philister erscheinen hier mehr als religiöse denn als politische Gegner Israels (vgl. ihre religiös herabsetzende Charakteristik als „Unbeschnittene“ in 1 Sam 14,6; 17,26.36; 2 Sam 1,20), deren höchster Triumph die Eroberung der Bundeslade war. Doch der anfängliche Triumph wandelt sich schnell in einen für die Eroberer untragbaren Zustand: Die Statue Dagons, eines von den kanaanäischen Ureinwohnern übernommenen Fruchtbarkeitsgottes, fällt wiederholt, sozusagen anbetend, vor dem Symbol des größeren Gottes zu Boden, was bei den Philistern zu der teilweise auch in Israel (vgl. Zef 1,9b) praktizierten Sitte geführt haben soll, den Fuß nicht auf die Schwelle des Heiligtums zu setzen, über die die Lade Jahwes hinübergetragen worden war (5,5). (Der Tempelschwelle schrieb man im Alten Orient eine numinose Bedeutung zu.) Außerdem bricht eine in Analogie zur ägyptischen Beulenplage (Ex 9,8—10) als Strafe Jahwes für den Raub seiner Lade gedeutete (6,6) Pestepidemie unter den Philistern aus, die die sofortige Rückgabe der Lade an ihre rechtmäßigen Hüter, zusammen mit die Anerkennung des Gottes Jahwe symbolisierenden Votivgeschenken, erzwingt. So sind, wenigstens religiös, die Dinge wieder ins richtige Lot gekommen. Politisch freilich bleibt noch viel zu tun, um das nach wie vor auf Israel lastende Philisterjoch abzuschütteln. Die Lade gelangt nach Kirjat-Jearim (= Kerjat el-Azhar, zwölf Kilometer von Jerusalem an der Straße nach Jaffa?), wo sie bis zu ihrer Überführung nach Jerusalem durch David (2 Sam 6) verbleibt. (Ihr vormaliger Aufenthaltsort, Schilo, war vielleicht von den Philistern zerstört worden.)

7. Samuel als Richter (1 Sam 7,2—17)

Der Abschnitt entstammt einer späteren Überlieferung, die Samuels Beitrag bei der Überwindung der Philistergefahr herausstellt. Er war es in der Tat, der Israels Hoffnung auf den schließlichen Sieg über die Philister weckte und wachhielt. Im vorliegenden Kontext knüpft der Text an die Bemerkung von 4,18 an: Auf den „Richter" Eli folgte Samuel im Amt. „Richter" meint in der Sprache des „Richterbuches" nicht nur den Rechtsprecher, sondern vor allem den charismatischen Volksführer, der seinem Volk in der Feindesnot gesandt wird und es aus dieser Not im Namen Jahwes befreit. Samuel war der letzte „Richter" dieser Art, sozusagen die letzte großartige Zusammenfassung des zu Ende gehenden vorköniglichen Führerideals. Dabei blieb er jedoch Prophet und Priester, der in die schlimme politische Lage nach der Niederlage von Afek mit ihren oft wiederholten Klageriten (vgl. Ri 20,23.26; 21,5; Jer 3,2) seine erfolgreiche Aufforderung zur Umkehr und Abschaffung der fremden Götter hineinrief (V. 3—4) und das Volk am Heiligtum von Mizpa im benjaminitischen Teil des palästinischen Mittelgebirges (vgl. Jer 40; 1 Makk 3) versammelte, um ihm dort zusammen mit der Symbolgeste des Wasserausgießens (Hinweis auf die Reuetränen?) und unter Fasten die Vergebung seines Gottes zu erflehen (V. 5—6). Die Philister erblickten jedoch in dieser völlig unpolitisch gemeinten Volksversammlung eine Gefahr für ihre Oberherrschaft und rüsteten zum Angriff. Diesem begegnete Israel zunächst — so erzählte man sich später — mit der wirksamsten Waffe, die es gibt, mit Gebet, auf das sogleich der rettende Eingriff und Sieg Jahwes gefolgt sein soll; die Sache des Volkes soll lediglich die Vollendung des Jahwesieges durch die Verfolgung der Feinde gewesen sein (V. 7—11). Nach Art einer „Kultlegende" erzählt der Text in diesem Zusammenhang von der Aufrichtung eines „Steines der Hilfe" durch Samuel zum Gedächtnis für die rettende Gottestat (V. 12). Während seines ganzen Lebens blieb Samuel von seinem Wohnort Rama aus (identisch mit dem Ramatajim von 1,1, jedenfalls auf dem Gebirge Efraim liegend) der „Richter" Israels, der regelmäßig an den Heiligtümern Bet-El, Gilgal und Mizpa seines Amtes waltete. Zum gleichen Zweck machte er durch Errichtung eines Jahwealtares auch seinen Wohnort Rama zu einem Heiligtum (V. 15—17).

II. Samuel und Saul (1 Sam 8—15)

1. Salbung Sauls zum König (1 Sam 8,1—10,16)

Nach der wohl vordeuteronomistischen Erweiterung 8,1—3 hätte Samuel in seinen beiden als „Hilfsrichter“ am Heiligtum von Beerscheba amtierenden Söhnen ein ähnliches Schicksal erfahren wie einst Eli in den seinen; wie damals er selbst der unerfreulichen Situation im Hause Elis, so hätte der erste König Israels der nicht weniger unerfreulichen Situation in seinem Hause ein Ende gesetzt. Auch der große Samuel mußte im Alter schmerzlich die Grenzen seiner Möglichkeiten erfahren. Jedenfalls war eine Situation der Rechtsunsicherheit eingetreten, unter der das Wohl des Volkes litt. Dem hofften die als Vermittler zwischen Samuel und Volk fungierenden „Ältesten“ durch ein „Volksbegehren“, das die Einsetzung eines Königs verlangte, wirksam zu begegnen (8,4—5). Samuel soll dieses Ansinnen anfänglich als verwerflich angesehen (8,6), ja Jahwe selbst soll ihn in seiner Auffassung bestärkt, gleichzeitig aber auch ermahnt haben, dem Begehren des Volkes stattzugeben (8,7—9). Darin scheint sich die Ansicht des deuteronomistischen Bearbeiters auszudrücken, für den die Institution des Königtums ein Verstoß gegen die theokratische Verfassung Israels und eine Zurücksetzung der souveränen Rechte Jahwes über sein Volk war (vgl. 8,7: „Nicht dich haben sie verworfen, sondern mich: Ich soll nicht mehr ihr König sein“). Auch der Deuteronomist kann indes nicht verschweigen, daß die Einführung des Königtums in Israel auf ein (ursprünglich sicher wertneutrales, eher positiv gehaltenes) Gebot Jahwes zurückgeht; denn der Grundbestand des in 8,10—12 proklamierten „Königsrechtes“ denkt über die Eingriffe des Königs in die Selbstverfügung und den Besitz seiner Untertanen keineswegs negativ, sondern hält diese für etwas, was einem König selbstverständlich zum Wohl des Ganzen zukommt. Erst von 8,17 an wird wieder die königsfeindliche Denkweise des Deuteronomisten greifbar. In der Erzählung von der Königssalbung Sauls durch Samuel (9,1—10,16) erscheint auch Samuel selbst keineswegs als königsfeindlich eingestellt. Die episch stark ausgestaltete Erzählung selbst legt den Finger auf den charismatischen Ursprung des israelitschen Königtums: Der König nach dem Herzen Gottes teilt mit seinen Vorgängern, den „Richtern“, die Geistbegabung als die wichtigste Ausstattung für die Bewältigung seines schweren Amtes (10,9—12), was übrigens auch in der Salbung des ersten Königs durch den letzten prophetisch-priesterlichen Vertreter des „Richteramtes" zum Ausdruck kommt (10,1). Als Prophet heißt Samuel in dieser Erzählung „Seher", der fähig ist, Samuel über den Verbleib der entlaufenen Eselinnen seines Vaters Auskunft zu geben (9,9.18—20 — hier wird der Beruf des „Sehers", der ursprünglich fast nur so viel wie ein Wahrsager war, mit dem des „Propheten" identifiziert; auch das Prophetentum hatte indessen seine Vorgeschichte: 10,5—7 berichtet noch von „Propheten", die an Heiligtümern lebten und sich durch Musik in Ekstase versetzten; die späteren Propheten wurden individuell von Gott berufen und erhielten zumeist in völlig unekstatischen Auditionen die Botschaften Gottes mitgeteilt, die sie an Israel als ganzes oder an einzelne Mitglieder des Volkes weiterzugeben hatten). Saul wird in diesem ganzen Abschnitt noch nicht „König", sondern „Fürst" genannt, vielleicht weil er erst später durch das Volk zum „König" ausgerufen wird (11,15).

2. *Sauls Wahl zum König (1 Sam 10,17—27)*

Der vorliegende Text bildete ursprünglich wohl eine Parallelüberlieferung zum vorigen Abschnitt. Im jetzigen Zusammenhang erscheint das Geschehen wie eine Anerkennung der bereits erfolgten Wahl Gottes durch das Volk und die Auslosung in Mizpa (wahrscheinlich das heutige Tel en-Nasbe nordnordöstlich von Ramalla) lediglich als eine erneute Kundmachung des Gotteswillens in der Königsfrage. Das Verstecken Sauls beim Troß (V. 22) soll zum Ausdruck bringen, daß der Erwählte nach menschlichem Ermessen nicht zur Übernahme von Führungsaufgaben geeignet ist. Um so mehr erregt die hohe Gestalt Sauls die allgemeine Bewunderung und damit das Ja des Volkes zu der Wahl Jahwes (V. 26). Freilich verhehlt der Text es nicht, daß einige die niedrige Abkunft Sauls zum Anlaß nahmen, sich über diese Wahl zu mokieren (V. 27). Die schriftliche Niederlegung des Geschehens kennzeichnet das Ganze als Vertragsabschluß zwischen König und Volk, bei dem Samuel als Mittler fungiert (V. 25).

3. Sauls Sieg über die Ammoniter und seine Anerkennung als König in Gilgal (1 Sam 11,1—12,25)

Der erste Teil, 11,1—15, kann keine direkte Fortsetzung des vorigen Abschnittes sein, da er wenigstens in seinem überwiegenden Teil (11,1—11) keinerlei Königsproklamation voraussetzt; es handelt sich um eine ursprünglich eigenständige (Gilgal-)Überlieferung. Im jetzigen Kontext wirkt der Abschnitt wie ein Bericht von der Einlösung der 10,7 gemachten Weissagung, und zwar auf Grund des Sieges Sauls über die Ammoniter. (Die Zahlen in V. 8 sind Phantasiezahlen; offenbar wurden hier jeweils ein paar Nullen zu viel angehängt — Gideon besiegte die Midianiter mit dreihundert Mann; Ri 7,22.) Nach dieser Überlieferung war Saul vorher nur eine Art „Richter"; erst die Akklamation des Volkes in Gilgal (im Stamme Benjamin südöstlich von Jericho) machte ihn zum König, ohne daß ihn freilich alle als solchen anerkannten (V. 12, vgl. 10,27). Es ist ein edler Zug des jungen Saul, daß er diese Leute ignoriert und sie nicht hart bestraft hat (V. 13). Freilich stellen die Verse 12—15 einen redaktionellen Zusatz dar, der eine Angleichung an das Vorangehende bildet.

Der zweite Teil, 12,1—25, gibt sich literarisch als Abschied Samuels an das Israel seiner Zeit; in Wirklichkeit ist er die Reflexion eines deuteronomistischen Bearbeiters über das Königtum, die die antimonarchischen Texte 1 Sam 8,1—22 und 10,17—27 fortsetzt. Aus den Worten „Samuels" spricht ja in Wahrheit eine jahrhundertelange Erfahrung mit dem Königtum, das Erlebnis seines endgültigen Scheiterns usw. Bei diesem Sachverhalt dürfen wir uns nicht darüber wundern, daß hier keine begeisterte Apologie des israelitischen Königtums geboten wird. Für den deuteronomistischen Bearbeiter offenbart das Verlangen des Volkes nach einem König einen grundlegenden Zweifel an dem Retterwillen und an der Retterfähigkeit Jahwes. Statt in der im ersten Teil beschriebenen ammonitischen Bedrängnis zu Jahwe zu schreien, wie es dies in der Richterzeit tat, rief es nach einem König — bisher wurde für dieses Begehren nur die Philistergefahr namhaft gemacht! —, suchte das Volk also der Not mit politischen statt mit religiösen Mitteln zu begegnen. Die große Gefahr, der das Königtum mit wenigen Ausnahmen erlegen ist, bestand in dessen Selbstherrlichkeit. Jahwe gewährte dem Volk zwar einen König und verstieß es nicht gänzlich trotz seiner Untreue und allen Aufruhrs gegen ihn, doch tat er dies einzig und allein „um seines großen Namens willen" (12,22). Die Treue Jahwes zu der einmal ausgesprochenen Erwählung Israels — trotz allem — zeigt sich auch in der Zurücknahme seines Strafgerichtes auf die Fürsprache Samuels (12,17—18). Der wunderbare Aspekt des Gewitters (12,16—18) liegt in der Zeit seines Zustandekommens — zur Zeit der Weizenernte (Ende Mai) pflegt es sonst kaum zu gewittern —; das Naturphänomen soll die Autorität des im Namen Gottes sprechenden Samuel erweisen.

4. Sauls Philisterkrieg und sein religiöses Versagen (1 Sam 13,1—15a)

Sauls Ausrufung zum König durch das Volk hatte vorab den Zweck, endlich über einen Führer Gesamtisraels — die „Richter" waren im Regelfall nur Stammesführer — mit den Philistern aufzuräumen. Sauls wichtigste Aufgabe bestand daher in der kriegerischen Auseinandersetzung mit diesen politischen Gegnern, womit er hier beginnt. Sauls Verfehlung scheint weniger in der Darbringung des Opfers vor dem Kampf in einer drängenden Notsituation (Ausbleiben Samuels) gesehen zu werden als in dem Mangel an der für einen israelitischen Herrscher nötigen Fähigkeit des Wartens auf die „Zeichen der Zeit" und damit Gottes, worin man damals einen Hinweis auf die Dauer einer Königsherrschaft gesehen haben mag. Darin spräche sich die Erfahrung aus, daß menschliche Ungeduld, der Versuch, etwas um jeden Preis erzwingen zu wollen, noch bevor die Zeit dafür reif geworden ist, nur im Scheitern enden kann. Mit seinem Versagen ist das Ende des noch kaum angetretenen Königtums Sauls besiegelt. Jahwe erwählt sich in David „einen Mann nach seinem Herzen" (V. 14), und Samuel, der Saul erst kürzlich zum König gesalbt hat, sagt sich von diesem los und geht seine Wege (V. 15). Die Angabe, Saul habe nur zwei Jahre regiert (V. 1), scheint die historische Wirklichkeit wiederzugeben (M. Noth). Die Phrase „jeden in seine Zelte" (V. 2, hebräischer Text, vgl. 1 Sam 4,10; 2 Sam 18,17 u. ä.) ist eine Erinnerung an die nomadische Vergangenheit Israels, die keinen Schluß auf die Verhältnisse zur Zeit Sauls zuläßt. Michmas (V. 2) war eine benjaminitische Stadt etwa zehn Kilometer nordöstlich von Jerusalem.

5. Sauls Sieg über die Philister nach einem Handstreich Jonatans und sein unbedachtes Gelübde (1 Sam 13,15b—14,46)

Der Philisterkrieg beginnt mit einem mutigen Handstreich Jonatans, eines Sohnes Sauls. (Sauls vorangehendes Zögern war ein taktischer Fehler. Jonatans eigenmächtige Handlung zwingt Saul zum Kampf und verhindert die feige Desertion weiterer Soldaten.) Der König erringt daraufhin den Sieg, doch gelingt ihm auf Grund eines voreiligen Gelübdes, durch das er Gott zur Gewährung des Erfolges gleichsam zwingen möchte, nicht die volle Ausnutzung dieses Sieges in einer den Gegner aufreibenden Verfolgung. Für den Autor des Stückes ist die Verwerfung des Königs durch Jahwe wegen seiner Verfehlung bereits dermaßen besiegelt, daß nichts mehr seinen furchtbaren Untergang aufhalten kann.

6. Zusammenfassender Bericht über Sauls Kriegführung und Familie (1 Sam 14,47—52)

Der Abschnitt ist ein für den modernen Historiker bedeutsamer, objektiver Bericht über die Regierung Sauls. In seinen Kriegen nicht nur mit den Philistern, sondern auch mit den Moabitern, Ammonitern, Edomitern und Syrern war Saul äußerst tapfer und erfolgreich, zumal er ein großes Geschick bei der Rekrutierung der richtigen Männer entwickelte. Trotzdem gelang es ihm nicht, die Philister, die bedeutendsten Gegner seiner Zeit, vollends niederzuwerfen. Der Deuteronomist übernimmt diesen Bericht. Aber der Zusammenhang, in den er ihn gestellt hat, zeigt klar, daß er die Gestalt Sauls, so sehr sie menschliche Sympathie verdienen mag, nach anderen Kriterien beurteilt als den rein menschlichen.

7. Sauls Verwerfung (1 Sam 15,1—35)

Den näheren Anlaß der bereits besiegelten Verwerfung des ersten israelitischen Königs bildete die eigenmächtige Schonung des besiegten Amalekiterkönigs und die Nichtbannung des feindlichen Viehbestandes zum Zweck des Opfers für Jahwe, an dem jedoch auch die Sieger Anteil erhalten sollten. Dies widersprach dem Banngesetz, nach dem die gesamte feindliche Beute zu vernichten, also gleichsam Jahwe zu überlassen war. (Mit seiner Bannungspraxis war Israel ein Kind seiner Zeit und ihrer Kriegsbräuche. Es fällt uns als Christen schwer, das Banngesetz als positiv geoffenbarten Gotteswillen anzusehen. Eher vermögen wir in ihm schon eine zeitweilige Belassung des Gottesvolkes in den Vorstellungen und Kriegsformen seiner Zeit zu erblicken. Man kann freilich auch dadurch subjektiv vor Gott schuldig werden, daß man etwas, was man subjektiv als verpflichtend in seinem Gewissen erkannt hat, aus Opportunitätsgründen oder einer falschen Frömmigkeit, die der Eigenmächtigkeit nicht entbehrt, zu tun unterläßt, so falsch dies objektiv oder in der Sicht einer späteren, in den Fragen der Humanität weiterentwickelten Zeit auch sein mag. Denn jeder muß seinem Gewissen folgen, auch dem unverschuldet irrigen Gewissen, das zu ändern aus irgendwelchen schwerwiegenden Gründen nicht möglich ist.) Was Saul fehlt, ist nicht Frömmigkeit, sondern selbstlose, zum absoluten Gehorsam bereite Frömmigkeit. Damit macht er sich in den Augen Jahwes seines Königtums unwürdig. Die Erwählung Jahwes bewahrt ihn nicht vor der Verwerfung. Jahwe ist auch an seine eigenen Entscheidungen nicht gebunden, wenn sich der Mensch ihrer unwürdig macht! Dieses Urteil wird noch öfter im Verlauf des deuteronomistischen Geschichtswerkes zu wiederholen sein. Am Urteil Gottes über Saul könnte auch die Fürsprache eines Gottesmannes wie Samuel nichts ändern.

III. Saul und David (1 Sam 16—2 Sam 1)

1. Davids Salbung zum König (2 Sam 16,1—13)

Die Erzählung entspricht derjenigen von der Salbung Sauls (1 Sam 9,1—10,16). Sie will deutlich machen, daß Jahwe schon früh sein Augenmerk auf den jungen David richtete und daß dabei wiederum der Zusammenhang zwischen „Richteramt" und Königtum ins Spiel gebracht wurde. Im vorliegenden Kontext bildet sie einen Übergang von der Geschichte Sauls zu derjenigen Davids.
Samuel erhält von Jahwe den Auftrag, einen neuen König zu salben. Das Königtum soll mit der Verwerfung seines ersten Inhabers nicht

fallengelassen werden. Die Salbung dokumentiert wiederum die göttliche Erwählung. (Das erbliche Königtum beginnt erst mit 2 Sam 7.) Samuel weiß zunächst nur, daß ein Sohn Isais aus Betlehem als König zu bestimmen ist. Auf seinem Gang dorthin muß er damit rechnen, von einem Gefolgsmann Sauls gesehen zu werden, zumal er dabei an dem Gibea Sauls vorübergehen muß. Deshalb soll er in Betlehem eine Opferfeier veranstalten, wie er sie auch sonst durchzuführen pflegte. Die Mitnahme eines Opfertieres soll deutlich seine Absicht kundtun. Auch die Einladung der Ältesten der Stadt zur Teilnahme am Opfermahl dient dem Zweck, das eigentliche Anliegen des Besuches Samuels nicht vor der Zeit offenkundig werden zu lassen. Die Ängstlichkeit der Ältesten (V. 4) erklärt sich mit dem Zerwürfnis zwischen Saul und Samuel — sie fürchten, der Besuch Samuels könnte ihrer Stadt Unannehmlichkeiten von seiten des Königs eintragen. Da in der Folge von den Ältesten keine Rede mehr ist, bleibt unklar, ob sie wirklich an der Opferfeier teilgenommen haben.

Die Kontrastierung Davids mit seinen Brüdern bringt einen Zug herein, für den die Josefgeschichte als Vorbild diente und der sich ähnlich auch in 1 Sam 17,12—14 findet. Der noch kultunfähige und deshalb auch nicht zur Teilnahme am Opfer herangezogene jüngste Sohn des Isai ist derjenige, den Gott erwählt hat! Die Hirtentätigkeit Davids unterstreicht seine Geringheit, die durch seine kindliche Anmut nur noch verstärkt wird. Die Siebenzahl der Brüder Davids erklärt sich am einfachsten aus dem Charakter der Sieben als vollkommener Zahl, die die Acht als eine herausgehobene Glückszahl erscheinen läßt. Die Salbung hat augenblicklich die lebenslange Geistbegabung zur richtigen Ausübung des Königsamtes im Gefolge. Aus Vorsicht gegenüber Saul fällt nirgends das Wort „König“. Auch das Wort „sein Gesalbter“ (V. 6) kommt nur in den Gedankengängen Samuels vor. Den Anwesenden dürfte somit der Zweck der Salbung verborgen geblieben sein.

2. *David kommt an den Hof Sauls (1 Sam 16,14—23)*

Mit diesem Abschnitt setzt die eigentliche, von 16,1—13 ursprünglich unabhängige Davidsgeschichte ein. Davids Erscheinen am Königshof soll sein späteres Königtum als Nachfolge Sauls im Sinne der Fortsetzung des charismatischen Führertums erweisen. Seine Fähigkeit, die Zither zu spielen, kann angesichts der ihm kaum zu Unrecht zugeschriebenen Psalmendichtung (vgl. 2 Sam 1,17—27; Am 6,5) nicht bezweifelt werden. Das Versagen Sauls und der Aufstieg Davids werden mit dem Weichen des Gottesgeistes von Saul und seinem Überfallenwerden von einem bösen Geist motiviert — ein zeitbedingter Ausdruck für einen klinisch diagnostizierbaren paranoiden Zustand, der eine Persönlichkeitsänderung des Königs im Gefolge hatte, vor allem aber ein theologischer Versuch, die Führung Jahwes (auch der böse Geist kommt ja von Jahwe) im Leben Sauls und seines Nachfolgers nachzuzeichnen.

3. *David und Goliat (1 Sam 17,1—58)*

Die Hauptschwierigkeiten, denen sich die Auslegung hier gegenübergestellt sieht, sind zwei: Erstens: 2 Sam 21,19 nennt nicht David, sondern einen gewissen Elhanan als Sieger über den Philister Goliat; Zweitens: unsere Erzählung negiert völlig die Tradition von Kapitel 16: weder Davids Salbung noch sein Kommen an den Hof Sauls sind vorausgesetzt, David ist daher Saul völlig unbekannt. Offenbar wurde der Sieg über Goliat von Anfang an mit zwei verschiedenen Persönlichkeiten in Verbindung gebracht und erzählte man sich in Israel die Geschichte von der Salbung Davids und seinem Kommen an den Hof Sauls auf verschiedene Weise. So sehr ein historischer Hintergrund unleugbar ist (Zweikämpfe leiteten damals nicht selten Schlachten zweier Heere ein), so wenig liegt hier eine Geschichtserzählung im vordergründigen Sinne vor. Die Erzählung will vielmehr mit ihren vielen Reden klarstellen, daß der schließliche Sieg Davids über die schwerbewaffneten Philister das Werk Jahwes war (V. 45). Im jetzigen Kontext soll der Leser darauf hingewiesen werden, zu welchen Heldentaten der noch so junge David, dem noch nicht einmal eine Männerrüstung paßte, in der Kraft des Gottesgeistes befähigt wurde. Die letztlich unhistorische Einstellung des Erzählers offenbart sich unter anderem in dem anachronistischen Hinweis, David habe den Kopf Goliats nach Jerusalem gebracht (V. 54), das sich damals ja noch gar nicht in israelitischer Hand befand (vgl. 2 Sam 5,6—7).

4. Davids Freundschaft mit Jonatan und seine Schwierigkeiten mit dem eifersüchtigen Saul (1 Sam 18,1—30)

Von der Freundschaft Davids mit Jonatan ist auch sonst die Rede (1 Sam 19,1—7; 20; 23,16; 2 Sam 1,26). Hier erfahren wir von ihrem spontanen Aufbruch und ihrer Ausformung zu einem „Bund" (V. 1—5). Im vorliegenden Zusammenhang kennzeichnet diese Freundschaft die Anziehung des kommenden Königs als des von Jahwe Begnadeten, der man sich nur wie Jonatan, der Königssohn, öffnen oder wie sein Vater Saul verschließen kann. Das Fortschenken von Gewand und Waffen (V. 4) symbolisiert die Weggabe des eigenen Ichs — in einer innigen Freundschaft ist jeder des anderen zweites Ich.

Das Siegeslied der Frauen aus allen Städten Israels (V. 6—7) ist nicht nur eine Überhöhung der Situation in gesamtisraelitischen Rahmen, sondern auch Vorwegnahme späterer Ereignisse; wahrscheinlich stammt es aus der späteren Königszeit Davids — selbst damals war Sauls Gestalt noch nicht völlig vergessen und wurde noch mit Sympathie bedacht; denn das Lied beinhaltet an sich keinerlei Geringschätzung Sauls. Die Verbindung des Liedes mit der Goliatepisode kennzeichnet deren typischen Charakter. Die zunehmende Abneigung Sauls gegen David, aus dem pathologischen Zustand Sauls zu erklären (16,14 bis 23), erfährt hier eine andere, geschichtlich weniger korrekte Motivation: Saul habe in David seinen Nebenbuhler geahnt und ihm die zuteil gewordene Erwählungsgnade geneidet (V. 6—9). So erklärten sich spätere Betrachter die damalige Situation zwischen den beiden großen Männern. Auch im geglückten Ausweichen Davids vor dem Speer des geistig umnachteten Saul (V. 10—11) sah man später einen Hinweis auf die Begnadigung Davids, wie man in der Entfernung Davids vom Hof und seiner erfolgreichen charismatischen Kriegführung, die wiederum Späteres vorwegnimmt (V. 12—16), Gottes Plan mit seinem Erwählten am Werke sah, dem selbst Saul wider seinen Willen dienstbar war.

Die Verse 17—30 erinnern an Jakobs Dienst bei Laban um dessen zwei Töchter (Gen 29), nur daß Saul dem David seine erste Tochter zwar verspricht, hernach jedoch versagt. Ziel der Erzählung ist der Nachweis, daß der Verworfene dem Erwählten letztlich mit keiner seiner Machenschaften beikommen konnte und ihm schließlich doch eine seiner Töchter zur Frau überlassen mußte, weil Jahwe mit ihm war, wie er einst mit Jakob war.

5. Flucht Davids vor Saul, Ermordung der Priesterschaft von Nob und Flucht des Priesters Abjatar zu David (1 Sam 19,1—23,13)

Die Situation am Hofe Sauls ist für David derart untragbar geworden — Sauls erneute Mordanschläge entspringen einem klaren Vorsatz —, daß er von dort fliehen muß, wobei ihm sein Freund Jonatan und seine Frau Michal, Sauls Kinder, behilflich sind (19,1—17; 20,1—21,1; der Zug mit dem Hausgott, 19,13—16, soll womöglich wiederum eine Beziehung zur Jakobsgeschichte herstellen, vgl. Gen 31,19: Wie Jakob wird David durch die Täuschung seiner ihn liebenden Frau vor dem Zorn des Schwiegervaters geschützt, das heißt Davids Leben wiederholt die Schicksale Jakobs). Neben dem Schutz durch die Familie des Verworfenen tritt sodann der durch Samuel und die prophetischen und priesterlichen Kreise um ihn herum (19,18—24; 21,2—10). Dahinter steht die Vorstellung, daß die Gnade Gottes David überall menschliche Liebe und Hilfe finden ließ, so daß er den vergeblichen, wenn auch nicht ungefährlichen Machenschaften Sauls entgehen konnte. Indessen bleiben David auf seiner Flucht auch Tiefpunkte nicht erspart. Dem Philisterkönig Achisch gegenüber kann er sich nur dadurch retten, daß er sich wahnsinnig stellt; dennoch ist offensichtlich auch in dieser heiklen Situation die Hand Gottes im Spiel, der seinen Erwählten nicht zu Schaden kommen läßt (21,11—16); denn in den Augen Gottes ist David bereits „der König des Landes", der nichts mit den Philistern zu schaffen hat, es sei denn als ihr Feind (21,12). Jedoch ist nicht nur David selbst gefährdet, sondern auch seine Herkunftsfamilie mit ihm, die deswegen bei dem König von Moab in Sicherheit gebracht werden muß (22,3—4). Nicht retten kann David die ihm so hilfreichen Priester von Nob; sie werden durch den verräterischen Edomiter Doëg, der bei den vorher geschilderten Ereignissen in Nob dabeigewesen ist (21,8), auf Befehl Sauls sakrilegisch niedergemacht (22,6—19). Der einzige, der von den ermordeten Priestern entkommen kann, ist Abjatar, der zu David flüchtet und von ihm, der sich infolge seiner Lügen (21,3.9) am Tod der Priester von Nob schuldig weiß (22,22), freundschaftlich aufgenommen wird. Auf diese Weise kommt der flüchtige David sogar in den Besitz eines echten Jahwepriesters! Auch darin wird die biblische Tradition ein Zeichen seiner Auserwählung gesehen haben (22,30—23). Wie nützlich ihm dieser ihn von nun an begleitende Priester jedenfalls war, zeigt sich sofort. Der Priester ist ja im Besitz des Efods, des Orakels, und vermag ihm damit wichtige göttliche Weisungen zu übermitteln: den Sieg über die Philister und damit die Befreiung der judäischen Stadt Keïla sowie schließlich die weitere Flucht vor Saul aus Keïla, der ihn in dieser Stadt einschließen und vernichten möchte (23,1—13).

6. David in der Steppe Sif (1 Sam 23,14—28)

Die nächste Station des flüchtigen David ist die Steppe südöstlich von Hebron. Die verschiedenen Ortsangaben und Ortslagen zeigen, wie gehetzt David ist. Saul ist ihm ständig auf den Fersen. Der Leser aber soll von vornherein wissen, daß es diesem nicht gelingen wird, Davids habhaft zu werden, da Gott über dem Leben seines Erwählten wacht (V. 14b). Vers 18 enthält eine andere Tradition über das Zustandekommen des Freundschaftsbündnisses zwischen David und Jonatan (vgl. 1 Sam 18,1—5). Der Sohn des Verfolgers scheut sich nicht, David als den künftigen König Israels zu bezeichnen und sich ihm schon im voraus zu unterstellen sowie ihn in seinem Vertrauen auf die Hilfe Gottes zu bestärken. Trotz des Verrats der Sifiter gelingt es Saul nicht, seinen Feind zu ergreifen; die äußeren Feinde, die Philister, hindern ihn daran. Auch sie müssen den Absichten Jahwes dienen (V. 18—28). (Sif ist das heutige Tell ez-Zif südlich von Hebron.)

7. David und Saul in der Höhle von En-Gedi (1 Sam 24,1—23)

Der Abschnitt hat eine Parallele in 26,1—25. David hütet sich, dem durchaus alttestamentlichem Empfinden entsprechenden Rat seiner Begleiter nachzugeben und in der für ihn günstigen Situation dem Leben seines Verfolgers ein Ende zu setzen; er handelt so nicht aus persönlichem Großmut, sondern aus Ehrfurcht vor der durch die Salbung geweihten Person des Königs. Er legt die Vergeltung für das ihm angetane Unrecht ganz in die Hände Gottes. Daß David trotzdem nach der Abtrennung des Beweisstückes für seine Schonung des

Lebens des Königs das Gewissen schlägt (V. 6), scheint damit zusammenzuhängen, daß er der Meinung ist, eigentlich schon damit einen Schritt zu weit gegangen zu sein (der Gewandzipfel galt als ein Stück der Person, die das Gewand trug; mit seiner Berührung oder Entfernung glaubte man, sich die Lebenskraft des Trägers auf magischem Wege aneignen zu können, vgl. Mk 5,27—30 par). In der von Ergriffenheit getragenen Erwiderung läßt der Verfasser Saul selbst teilweise wiederholen, was sein Sohn Jonatan bereits zuvor ausgesprochen hat (23,8): daß David sein Nachfolger sein und sein Königtum im Unterschied zu dem seinen Bestand haben werde (V. 21); außerdem anerkennt er seine „Gerechtigkeit" (V. 18—19). Das ist ein theologischer Kommentar des Verfassers. David ist „gerecht", weil er der Fehlinterpretation des Gotteswillens in seiner Umgebung nicht erliegt, sondern sich dem Handeln Gottes und *seinen* Plänen mit ihm unterwirft. Zu dieser „Gerechtigkeit" gehört auch sein Entschluß, Sauls Nachkommenschaft zu schonen (V. 23).

8. Samuels Tod (1 Sam 25,1a)

Mit dem schon hier erwähnten, weil vielleicht in die Zeit des Aufenthaltes Davids in En-Gedi fallenden Tod Samuels (vgl. 28,3) verliert David eine wichtige Stütze gegenüber Saul in dessen Herrschaftsgebiet. Die Erwähnung „ganz Israels", das Samuel die Totenklage hält, lenkt die Aufmerksamkeit des Lesers von den Plänkeleien zwischen David und Saul auf das größere Ganze, das in diesen Wirren unterzugehen droht. (Grabstätten im eigenen Haus sind auch sonst literarisch und archäologisch bezeugt. Vielleicht steckt hinter dieser Bestattungssitte das Verlangen der Hinterbliebenen, weiterhin „im Schatten des großen Toten", d. h. seines Schutzes zu verbleiben.)

9. David und Abigajil (1 Sam 25,1b—44)

Samuels Tod, so scheint der Erzähler mit der Einfügung der vorliegenden Erzählung an dieser Stelle sagen zu wollen, veranlaßte David zwar, sich mehr in den Süden (südlich von Hebron, vgl. 23,14—16) zurückzuziehen, zugleich jedoch hatte die Begegnung mit Saul (24,1—23) eine Besserung seiner Lage im Gefolge. Die Erzählung selbst bietet gleichsam einen Ausschnitt aus dem Alltag eines Heldenlebens, die Darstellung von banalen Demütigungen durch einen Gutsbesitzer, denen David ausgesetzt war und die ihn zu einem unwürdigen Racheakt verleitet haben würden, wenn nicht die kluge Abigajil, die Ehefrau des Gutsbesitzers und nach dessen Tod die Frau Davids (V. 14.42), ihn gleichsam prophetisch zur Besonnenheit gemahnt hätte. David war also keineswegs von Natur aus so großmütig, wie man nach den Erzählungen von der Schonung Sauls denken könnte!

10. Parallelüberlieferungen von der Schonung Sauls durch David (1 Sam 26,1—25; vgl. 24,1—23)

Dieser Abschnitt ist fraglos eine Dublette zu Kapitel 24. In beiden Fällen folgt das Ereignis auf eine Anzeige der Sifiten (V. 1—2; vgl. 23,19—21), doch bietet Kapitel 26 mehr interessante Details. Es handelt sich einfach um zwei verschiedene Überlieferungen desselben Tatbestandes, von denen der Endverfasser keine missen wollte. Zugleich soll die Einfügung von Kapitel 26 an dieser Stelle jedoch zeigen, daß David auch nach der Begegnung mit Abigajil keineswegs völlig vor Saul sicher war.

11. David als Vasall der Philister (1 Sam 27,1—28,2)

In klarer Abschätzung der Situation flüchtet David zu dem Philisterfürsten Achisch von Gat — es handelt sich um eine Tradition, die ebenfalls wie 21,11—16 zeigen will, wie David aus einer schwierigen Lage im Philisterland gerettet wurde. Der Philister gewährt ihm politisches Asyl in Ziklag und wird von ihm, um nicht im Kriegsfall zu den Israeliten halten zu können, zu seinem Leibwächter bestellt. Damit ist die Situation für David, menschlich gesprochen, im Ernstfall äußerst kritisch und bedenklich geworden. Doch gelingt es ihm nicht nur, Achisch über die wahren Hintergründe seiner Raubzüge in den Süden zu täuschen und ihn in seiner Annahme zu bestärken, er habe sich bei seinen Landsleuten völlig unmöglich gemacht, sondern auch, als künftiger König Israels, bereits mit Erbfeinden Israels, wie den Amalekitern, aufzuräumen. (Von der moralisch bedenklichen Handlungsweise Davids ist abzusehen. Es geht hier nur um die dahinterstehende göttliche Führung, die auch auf krummen Linien gerade schreibt.)

12. Saul bei der Totenbeschwörerin in En-Dor (1 Sam 28,3—25)

Inzwischen rüsten die Philister zur großen Entscheidungsschlacht mit Israel. Der schwer bedrängte Saul weiß sich nach dem Tode Samuels und nach der Ausrottung der das heilige Orakel handhabenden Priesterschaft von Nob keinen anderen Rat, als auf eine von ihm selbst als verboten betrachtete und verbotene Weise, nämlich über eine Totenbeschwörung, den Willen Gottes zu erkunden. Das Ergebnis der als möglich angesehenen „spiritistischen" Heraufholung Samuels durch die Totenbeschwörerin von En-Dor (südlich des Tabor gelegen) ist jedoch nur die nochmalige Verkündigung der endgültigen Verwerfung Sauls, lediglich vermehrt um die klare Voraussage seiner baldigen Niederlage und seines Todes. Der ganze Abschnitt ist eine Lokalsage von En-Dor und in seinen Einzelheiten nicht zu pressen. Er wurde hier nur eingefügt, um den Willen Jahwes über Saul nochmals, kurz vor seinem Ende, klar zum Ausdruck zu bringen.

13. David im Heer der Philister (1 Sam 29,1—11)

Die oben erwähnte schwierige Situation Davids im Kriegsfall mit Israel wird durch Jahwe, den Herrn der Geschichte, einfacher, als man es hätte erwarten können, gelöst, nämlich durch das Mißtrauen des größten Teils der Philisterfürsten, die von Achisch verlangen, daß er die Beteiligung Davids am Krieg mit Israel verhindere.

14. Davids Zug gegen die Amalekiter (1 Sam 30,1—31)

Bei seiner Heimkehr nach Ziklag kommt David gerade zurecht, um die Amalekiter, die Ziklag in seiner Abwesenheit geplündert haben, auf Weisung des priesterlichen Orakels hin zu verfolgen und ihnen ihre Beute wieder abzunehmen. Während also die Schonung des Amalekiterfürsten durch Saul zu dessen Verwerfung führte (vgl. Kap. 15), führte die Vernichtung der Amalekiter durch David diesen alsbald zu seiner vorausgesagten Königswürde. Ihre Anerkennung durch die Judäer wird dadurch vorbereitet, daß David den jüdäischen Nachbarstädten Anteile an der unter den Amelekitern gemachten Beute zusendet.

15. Sauls und Jonatans Ende (1 Sam 31,1—13)

In engem Anschluß an 28,4—6 und mit tiefem, würdigem Ernst, ohne den allzu menschlichen Versuch, das Geschehen als Strafe Gottes zu interpretieren, wird hier von der letzten Einsamkeit Sauls und der Tragik seines Todesschicksals erzählt. Über dem Ende des ersten israelitischen Königs liegt wie über seiner ganzen Regierung der Schleier des Geheimnisses, den kein Mensch rationalisierend zu lüften wagen sollte. Trotz allem hat Israel seinem ersten König seine Sympathie nie versagt. Das Grauen des Zusammenbruchs wird dadurch gemildert, daß von dem treuen Ausharren des Waffenträgers bei seinem königlichen Herrn bis in den Tod und von der Anhänglichkeit der Männer von Jabesch sogar über den Tod des Königs hinaus berichtet wird (vgl. 1 Sam 11,1—3). Jonatan fällt trotz seiner Differenzen mit dem Vater wegen seines Freundes David zusammen mit seinen beiden Brüdern noch vor dem Vater in dessen treuer Gefolgschaft. Die Scheu des Waffenträgers, den König seiner Bitte gemäß zu töten, hängt gewiß mit der sakralen Dignität Sauls zusammen; da dieser Aspekt jedoch nicht eigens betont wird, soll sie vielleicht eher den lastenden Schrecken der Stunde zum Ausdruck bringen und dazu dienen, eine letzte Überlegenheit Sauls in der ausweglosen Not des Sterbens und Unterliegens herauszustellen. Der Tod Sauls durch die eigene Hand darf nicht nach den modernen Kategorien des Selbstmordes beurteilt werden. Die Tat Sauls ist vielmehr nur die Anerkennung eines Schicksals, das bereits entschieden ist, und befreit Saul von der Schmach, ausgerechnet als Führer der letzte Überlebende zu sein. Jedenfalls hat man in Israel den Tod Sauls als Heldentod gleich dem seiner Söhne aufgefaßt (vgl. 2 Sam 1,12.19.27). Die in Israel an sich nicht übliche Verbrennung der Leichen der Gefallenen (V. 12) dürfte damit zu erklären sein, daß man vor allem die Leiche des Königs bei Jabesch nur provisorisch beisetzen und später ins Grab seiner Väter überführen wollte (2 Sam 21,12—14), was leichter möglich war, wenn die Leichen nicht erst ausgegraben werden mußten, sondern nur die Urnen zu überführen waren.

16. Davids Totenklage (2 Sam 1,1—27)

Der junge Amalekiter hofft, David mit seiner Nachricht vom Tode Sauls eine Freude zu bereiten und einen persönlichen Lohn dafür einzuheimsen. In Wahrheit spricht er sich damit, obwohl er hinsichtlich seiner Beteiligung am Tode des Königs lügt, nur selbst das (auch gleich vollzogene) Urteil, da es für David ein unumstößlicher Grundsatz bleibt, daß die Person des Königs unantastbar zu sein hat. Er ist jedenfalls mit seiner Lüge selbst daran schuld, daß er sterben muß.

Unvergleichlich schön ist das Klagelied Davids (zweifellos eine authentische Dichtung des Nachfolgers Sauls) zu Ehren Sauls und seines Freundes Jonatan, das nach der Überschrift (V. 18) allen Judäern gelehrt werden soll, um ihnen die in diesem Lied ausgesprochene Gesinnung Davids gegenüber Saul zur Kenntnis zu bringen. (Das „Buch des Helden“ muß eine Sammlung von Heldenliedern gewesen sein.) Der Dichter beklagt eingangs den Tod der israelitischen Jugend (V. 18). Die Schmach für das Gottesvolk ist so groß, daß man davon am liebsten nichts in den Ortschaften des Gegners verlauten lassen sollte, um ihnen keine Gelegenheit zum Triumphgeschrei zu geben (V. 20). Dieser vergebliche Wunsch ist ebenso wie der Fluch über die Berglandschaft, die Zeuge dieser Schmach war (V. 21), Ausdruck der großen Trauer des Sängers. Das Gebirge, das die Entweihung des Gesalbten Jahwes und seiner Waffen gesehen hat, verdiente eigentlich die gleiche Strafe wie der amalekitische Unglücksbote (V. 15), weil es sich an dem von Gott Erwählten gleichsam vergriffen hat. Mit Vers 22 wendet sich das Lied dem Lob der gefallenen Helden zu. Sie starben nicht aus mangelnder Tapferkeit; denn ihre Waffen vernichteten mit unfehlbarer Treffsicherheit die Feinde, und auch an Zusammenhalt fehlte es, wie der Sänger idealisierend vermerkt (vgl. 1 Sam 22,8!), zwischen Vater und Sohn nicht — zumindest nicht im Kämpfen und Sterben (vgl. 1 Sam 31,2—4). Ihr Heldentod verdient es, von den sonst den Sieg der israelitischen Männer besingenden Frauen und Mädchen (vgl. 1 Sam 18,7) beklagt zu werden, zumal sie sonst aus der Plünderung des Feindes ihren Vorteil zogen (vgl. Ri 5,30). Seinen Höhepunkt erreicht das Lied dort, wo es auf die Freundschaft Jonatans zum Dichter zu sprechen kommt (V. 26): Sie bedeutete für David in einer patriarchalischen und kriegerischen Zeit mehr als Frauenliebe.

IV. David und sein Reich (2 Sam 2—12)

1. David wird König über Juda (2 Sam 2,1—3,1)

Nach dem Tode Sauls wird David zum König zunächst nur über Juda gesalbt. Seine Residenz ist dem Orakelspruch gemäß Hebron, der bis zur späteren Eroberung Jerusalems wichtigste und durch das Abrahamsheiligtum vor anderen ausgezeichnete Ort in Juda und deswegen auch ein Sammelpunkt für andere mit Juda verbundene Stämme (Kaleb, Otniel usw.). Die Philister mochten zunächst daran keinen Anstoß nehmen, da sie David vielleicht immer noch als ihren loyalen Gefolgsmann ansahen und sogar eine Zeitlang glauben konnten, mit der Königwerdung Davids in Juda ihre eigene Einflußsphäre in ein ihnen bisher unzugängliches Gebiet ausweiten zu können. Erst die Einbeziehung der Nordstämme Israels in den Herrschaftsbereich Davids (5,17) betrachteten sie daher als Kriegsgrund.

David selbst betrachtete freilich die Beschränkung seiner Herrschaft auf Juda nur als vorübergehend, wie seine Botschaft an die Jabeschiter zeigt (V. 4b—7). Ihre Tendenz deckt sich mit seinem Verhalten gegenüber den Judäern und ihren südlichen Nachbarn damals, als er noch politischer Emigrant bei den Philistern war (1 Sam 30,26—28).

Die Einbeziehung der Nordstämme in das davidische Reich gestaltete sich als eine nicht sogleich und mühelos zu bewältigende Aufgabe, da der General Sauls, Abner, dort inzwischen einen überlebenden Sohn Sauls namens Ischbaal zum König ausgerufen hatte (V. 8—9; — die „zwei Jahre“ der Regierung Ischbaals, Vers 10, sind im Hinblick auf die siebenundeinhalb Jahre der Regierung Davids über Juda, Vers 11, sicher zu niedrig angesetzt; denn David wird doch sogleich nach dem Tode Ischbaals seine Herrschaft über die Nordstämme angetreten haben).

Zwischen den beiden Königtümern kommt es zu einem langen Krieg, der mit einem als harmlos gedachten Kampfspiel der Jugend beider Seiten (einer Art Mensur mit festen Spielregeln) beginnt und vorerst nur durch den Aufruf Abners zur Beendigung des Bruderkrieges eine Unterbrechung erfährt (2,12—3,1).

2. Davids Söhne (erste Liste: 2 Sam 3,2—5)

Diese Liste der Söhne Davids wird mit 5,13—16 zusammengehören (1 Chr 3,1—9 vereint beide Texte!). Der erste Teil wurde hierhergestellt, weil die genannten Söhne vor der Eroberung Jerusalems geboren wurden. Im vorliegenden Kontexte könnte er zeigen wollen, wie die gottgewollte Dynastie Davids nicht nur durch den Krieg mit den Nordstämmen, sondern auch durch die Fruchtbarkeit ihres ersten Vertreters ständig zunahm.

3. Abner überwirft sich mit Ischbaal, verbündet sich mit David und wird von Joab, dem Feldherrn Davids, hinterrücks getötet (2 Sam 3,6—39)

Auch der Verrat Abners an dem von ihm aufgestellten König (Nord-) Israels steht im Dienste der Pläne Gottes mit David. Und doch ist es, trotz der zwischen ihm und David geführten Verhandlungen, nicht Abner, der David zu seinem Thron über Gesamtisrael verhilft, sondern das mächtige Wirken des Jahwewortes. Über dessen Ursprung ist hier nichts gesagt, die Beteiligten aber wissen ganz klar darum (V. 18). Ja, das Dazwischentreten Abners und seine schließliche, David sehr ungelegen kommende Ermordung durch Joab als Rache für die vorangegangene Erschlagung seines Bruders Asaël (vgl. 2,23) stellen, menschlich gesprochen, eher Hindernisse auf dem Weg Davids zum Königtum dar, weshalb David durch seine überschwengliche Trauer über Abner und seinen Fluch über dessen Mörder Joab sehr deutlich zu erkennen gibt, daß er mit der Affäre nichts zu tun haben möchte. Es wird nicht verhehlt, daß David zu dieser Zeit noch keineswegs der starke Mann war und es an seinem Hofe noch manche Schwierigkeiten gab. Auch in dieser Hinsicht ist Jahwe es, der David zur Herrschaft bringt. Die Szene von der Wegnahme Michals und der Anhänglichkeit ihres Ehemannes (V. 13—16) wirkt trotz des ursprünglichen Verlöbnisses Davids mit dieser Tochter Sauls und dem Hinweis auf den hohen Preis, den David dafür zu zahlen hatte (1 Sam 18,27; 25,44), auf den modernen Leser empörend — hatte David an seinen bisherigen Frauen nicht schon genug? —; aber abgesehen davon, daß Saul David mit der Verheiratung seiner Tochter an einen anderen

Mann schmählich betrogen hatte, ist zu beachten, daß es hier um die nicht immer nach menschlichen Gefühlen fragende und religiös oft mehr als problematische Staatsräson geht: David möchte sich nicht sagen lassen, er habe sich die Herrschaft über die Nordstämme durch Verrat angeeignet; vielmehr möchte er sich als einen bereits von Saul bestimmten, legitimen Nachfolger des gefallenen Königs erweisen, als was ja die Heirat mit Michal von vornherein gedacht war.

4. *Ischbaals Ermordung (2 Sam 4,1—12)*

Der Tod Abners, des stärksten Mannes in (Nord-)Israel, hat eine allgemeine Verwirrung in diesem Gebiet zur Folge, die zwei Kollegen Abners, Brüder aus Beerot (wohl das heutige Ed-Dschib im Gebiet der Gibeoniten, seit der im Text genannten Flucht der Bewohner in die Gegend von Lydda von Benjaminiten bewohnt und daher zum Stamm Benjamin gerechnet; vgl. Jos 18,25), zur heimtückischen Ermordung des schwächlichen Königs Ischbaal ermutigt. (Die Erwähnung des gelähmten Sohnes Jonatans in Vers 4 soll wohl darauf hinweisen, daß nach dem Tode Ischbaals kein geeigneter Thronanwärter aus der Familie Sauls vorhanden war.) Nach dem richtigeren griechischen Text von Vers 5 hätten sich die Mörder an der über ihrer Arbeit (Trennung von Weizenkörnern von der Spreu) eingeschlafenen Türhüterin vorbei ins Haus des Königs eingeschlichen und dabei die Frau niedergemacht; so sei es ihnen gelungen, unbemerkt ins Haus Ischbaals zu gelangen. Die Einheitsübersetzung macht sich mehr oder weniger diese Version zu eigen, die freilich gleichwohl die Frage offen läßt, warum an der Tür des Hauses keine männliche Wache postiert war, eine Sorglosigkeit, die so gar nicht zu der Angst des Königs in Vers 1 passen will. Möglicherweise wird die Wache nicht erwähnt, weil sie selbst eingeschlafen war. Jedenfalls gelingt es den Mördern, bis ins Schlafzimmer Ischbaals vorzudringen, den seine Mittagsruhe haltenden König heimtückisch zu erschlagen, seinen Kopf als Beweismittel abzutrennen und diesen nach einem nächtlichen Gewaltmarsch am folgenden Tage David triumphierend vorzuweisen, wobei sie sich selbst als belohnenswerte Vollstrecker des gerechten Gotteswillens am Feind des Königs hinstellen. David freilich denkt darüber ganz anders. In seinen Augen sind die Mörder schlimmer als der amalekitische Bote von 2 Sam 1. Die Ausdrücke „rechtschaffen“ und „gottlos“ (V. 11) entstammen der Rechtssphäre und bezeichnen den dem Recht Entsprechenden oder Widersprechenden. David ist der Wahrnehmer echter Gerechtigkeit. Die Mörder werden getötet, geschändet und der Wohltat des eigenen Grabes beraubt, während der Kopf des Ermordeten ehrenvoll im Grabe seines Feldherrn beigesetzt wird. Nach Meinung des Verfassers räumen die Mörder Ischbaals trotz allem das letzte Hindernis zur Verwirklichung der Pläne Jahwes mit David aus dem Wege.

5. *David, König über Juda und Israel (2 Sam 5,1—5)*

Die unmittelbare historische wie logische Folge der Ermordung Ischbaals ist die Übertragung der Königswürde über (Nord-)Israel an David. Der Text selbst bietet dafür eine dreifache Begründung:

1. David gehört blutsmäßig zum Volke Gottes;
2. er hat das Königsamt als Truppenführer Sauls praktisch schon ausgeübt;
3. er ist durch die Verheißung Jahwes für dieses Amt vorherbestimmt (V. 1—2).

Diese Feststellung treffen „alle Stämme Israels“ (V. 1); die Thronerhebung und Salbung jedoch nehmen „alle Ältesten Israels“ vor (V. 3). Die Verhandlung mit David wird durch aktive, verantwortungsbewußte Männer der Nordstämme geführt — der sehr knapp gehaltene Text setzt eine Antwort Davids voraus —, die eigentliche Einsetzung in das Amt nehmen offizielle Volksvertreter, die man sich als ein festes Gremium vorzustellen hat, vor. David seinerseits nimmt sie durch einen bei Jahwe beeideten „Bund“ in seine Treuepflicht — wiederum darf man, damit der „Bund“ als zweiseitig geschlossen vorgestellt werden kann, wie es in seinem Wesen liegt, mit einer Antwort, diesmal der Volksvertreter, in Form der Huldigung und Akklamation gegenüber dem neuen König rechnen. Als Ort der Salbung ist ein Heiligtum in Hebron zu denken. Von nun an vereinigt David in Personalunion die an sich selbständigen Würden eines Königs über Juda und die eines solchen über (Nord-)Israel. Mit dem Tode Salomos wird diese Personalunion endgültig zerbrechen (1 Kön 12). Die

Jahresangaben in Vers 4—5 dürften den historischen Tatsachen entsprechen.

6. *Die Eroberung Jerusalems (2 Sam 5,6—12)*

In der Form einer sich um ein Sprichwort rankenden Anekdote wird hier von der Eroberung Jerusalems, das sich bisher in jebusitischer Hand befand, erzählt. Die Durchführung der Aktion liegt nicht, wie 1 Chr 2,4 glauben machen möchte, in den Händen des israelitischen Heerbannes, sondern in denen einer Spezialtruppe Davids („der König und seine Männer", V. 6). (Es handelt sich also sozusagen um eine königliche Privataktion.) Die Angaben betreffs der davidischen Eroberung der Stadt stehen nicht in Widerspruch zu Ri 1,8 weil es sich dort lediglich um die Besetzung der zu Jerusalem gehörigen Felder durch die Judäer handeln dürfte. Der „Schacht" von Vers 8 war vermutlich ein unterirdischer Verbindungsgang aus dem Innern der Stadt zu deren einziger Quelle (Gihon). Nach 1 Chr 11,6 war es Joab, der die Stadt als erster betrat und eroberte. Das Sprichwort (V. 6.8) scheint zu besagen, daß die Stadt Jerusalem strategisch so günstig gelegen ist, daß sie selbst völlig wehruntaugliche Männer verteidigen können. In der Tat war die Stadt bis auf ihre schwache Nordseite durch die sie umgebenden Täler schwer angreifbar. Die eroberte Stadt (deren Bevölkerung nach 1 Chr 11,8 am Leben gelassen und lediglich dem davidischen Reich einverleibt wurde) blieb das Eigentum der Krone („Stadt Davids"), das heißt sie wurde zu keinem der Stämme geschlagen. David ließ sich ihre Befestigung gegen Norden hin angelegen sein. Er war jetzt Herr einer gut zu verteidigenden Hauptstadt, die auf der Grenze zwischen „Juda" und (Nord-)„Israel" lag und nach der Stammeszugehörigkeit exterritorial war, das heißt, die allen Stämmen zusammen gehörte und sie zu einen geeignet war. Ein Vertrag mit dem tyrischen König Hiram bereitete den weiteren Ausbau der Stadt vor: nur mit Hilfe der Phönizier, ihrem architektonisch-handwerklichen Können und ihrem Baumaterial, konnte er hoffen, die alte Stadt seiner neuerworbenen Machtstellung gemäß (V. 12) auszugestalten. Der letzte Vers deutet an, daß die Ausdehnung der Macht Davids in der Absicht Gottes lag.

7. Davids Söhne (zweite Liste: 2 Sam 5,13—16)

Die Liste setzt unmittelbar die erste von 3,2—5 fort (siehe dort). An dieser Stelle soll sie die Auswirkung der Eroberung Jerusalems auf das Familienleben Davids umschreiben: Auch auf ihm lag der Segen Gottes (vgl. Ps 127,5).

8. Davids Philistersiege (2 Sam 5,17—25)

Mit der Ausdehnung seiner Herrschaft auf die Nordstämme wird David den Philistern gefährlich, und sie greifen ihren früheren Schutzbefohlenen an. In zwei Schlachten werden sie, die alten Erbfeinde Israels, für immer geschlagen, womit das Königtum Davids über Palästina gefestigt ist. David handelt auf Weisung Jahwes (in V. 19 ergeht dieselbe durch ein kultisches Orakel, in V. 24 durch als Orakel gedeutete stoßartige Bewegungen in Mastixterebinthen).

9. Überführung der Bundeslade nach Jerusalem (2 Sam 6,1—23)

Die Eroberung Jerusalems durch David war eine rein politische und sozusagen private Angelegenheit des neuen Königs. Um die Stadt auch zum kultischen Mittelpunkt des geeinten Reiches zu machen, mußte die bis zum Sieg über die Philister fast beiseite gestellte Bundeslade, das Symbol der religiösen Einheit des Nordens und Südens, in die Davidsstadt übertragen werden. David konnte diese Überführung um so eher vornehmen, als sich der Priester Abjatar bei ihm befand, der Erbe der Ladetradition (1 Sam 22). Die Lade befand sich damals in einem Ort mit verschiedenen Namen (Kirjat Jearim, Kirjat Baal, Baala, Baale Jehuda), etwa zwölf Kilometer westlich Jerusalem in dem zur heiligen Stätte umgewandelten Hause eines gewissen Abinadab (vgl. 1 Sam 7,1). (Die Zahl der David begleitenden Mannschaft ist mit „dreißigtausend Mann", V. 1, natürlich, wie oft, weit überhöht.) Nach 1 Sam 7,1 war Eleasar, der Sohn des Abinadab, der Hüter der Lade. Hier erscheinen Usa und Achjo an seiner Statt. Vielleicht handelt es sich um die Enkel des Abinadab. (Diese Version läßt die Bedeutung des hebräischen Wortes für „Söhne" durchaus zu.) Die Überführung der Lade nach Jerusalem kann jedoch nicht auf einmal durchgeführt werden, weil der das Tragheiligtum transportierende Wagen aus irgendeinem Grunde zu Fall zu kommen droht und der schnell herbeigeeilte Usa bei seinem Versuch, das Unglück aufzuhalten, vor Aufregung einen Gehirnschlag oder dergleichen erleidet, was man als Strafe Gottes dafür interpretierte, daß er die sonst bei der Bedienung der Lade üblichen kultischen Maßnahmen außer acht gelassen habe (eine fast magische Heiligkeitsauffassung). Das ist für den König ein Hinweis darauf, daß dem Festzug fürs erste Einhalt zu gebieten ist. Die Lade wird in einem naheliegenden Gehöft abgestellt, dessen philistäischer Besitzer sie gewiß nicht freiwillig aufgenommen haben wird. Diese Maßnahme hat indes die „Segnung“ des Fremden zur Folge, wobei an Fruchtbarkeit in Kammer, Stall und Acker zu denken ist, für David ein Zeichen dafür, daß der Zorn Jahwes seiner Freundlichkeit gewichen sei. Die Ladeüberführung kann also abgeschlossen werden. Um den etwa doch noch erzürnten Gott zu versöhnen und eine Wiederholung des Usa zugestoßenen Unglücks zu verhindern, beginnt der erneute Festzug mit einem von David selbst in kurzer Priesterkleidung dargebrachten Opfer. Schließlich kommt die Lade in einem eigens für sie aufgeschlagenen Zelt in Jerusalem (das nicht mit dem heiligen Zelt der Wüstenzeit zu verwechseln ist) zur Aufstellung, wobei nochmals feierliche Opfer dargebracht werden. Die als hochgestellte Frau wohl von der Teilnahme am Festzug ausgeschlossene Michal kann der letzten Phase des feierlichen Geschehens nur vom Fenster ihres Gemaches aus folgen. Sie nimmt an dem in ihren Augen für einen König unziemlichen Kulttanz und der kurzen Kleidung ihres Gatten Anstoß und verspottet ihn hernach entsprechend, ohne ihn indessen damit zu beeindrucken. Aus Davids Worten und Handeln (er meidet Michal hinfort ehelich, damit ja kein Nachkomme Sauls auf Israels Thron kommt) spricht der Stolz des sich vor Saul erwählt wissenden Königs und zugleich seine im Dienste Jahwes engagierte Demut, die auf das Gerede der Menschen keine Rücksicht nimmt.

10. Die Natansweissagung (2 Sam 7,1—29)

Dieses Kapitel ist eine messianische Grundstelle von unerhörter Nachwirkung innerhalb der biblischen Offenbarung. Die älteste Schicht der unmittelbar an David gerichteten Weissagung scheint in den Versen

11 und 16 erkennbar zu sein. Ihr gegenüber ist die Auffassung, die aus den Versen 12a und 14—16 spricht, jünger; der vorgerückte Zeitpunkt zeigt sich im Interesse an dem „Nachkommen, der von dir stammt"; ihr geht es also um das Verhältnis Jahwes zu den Nachfahren Davids. Die viel spätere deuteronomistische Geschichtstheologie hat diese ganze Weissagung mit dem Tempelbau Salomos in Verbindung gebracht (V. 13), während sie Deuterojesaja von den Davididen ablöst und auf das Volk Israel als Ganzes überträgt (Jes 55, 3—4). Dem noch später schreibenden Chronisten schließlich genügt es nicht mehr, daß dieses Heilswort ehedem auf die „Nachkommen" Davids bezogen worden war; er spricht von einem bestimmten Nachkommen der Söhne Davids und hat damit die Reichweite der Weissagung noch um eine weitere Stufe verlängert (1 Chr 17,11). So sprach also das uralte Prophetenwort auch noch in seine spätnachexilische Gegenwart hinein, ja Lk 1,32—33 bezeugt, daß es noch zur Zeit Jesu lebendig war.

Das Kapitel wird so eingeführt, daß an den Einzug der Lade in Jerusalem angeknüpft wird. Auch die Durchführung der profanen Bauvorhaben Davids wird vorausgesetzt (vgl. Kap. 5). Wie die Bemerkung „und der Herr gab ihm (David) Ruhe vor all seinen Feinden ringsum" (V. 1) zeigt, wäre der eigentliche Standort des Kapitels nach Kapitel 8 bzw. 12; seine Einfügung in den jetzigen Kontext will besagen, daß der Tempelbauplan des Königs und vor allem die dadurch ausgelöste Verheißung Abschluß und Krönung der Eroberung Jerusalems und der Überführung der Lade dorthin ist. Zu übersehen ist auch nicht, daß die Verheißung die Berichte über Davids Thronnachfolge einleitet, die durch mancherlei Sünden und Verfehlungen gekennzeichnet ist. Die Voranstellung der Verheißung besagt, daß Gott trotz dieser Verfehlungen von seiner Absicht nicht ablassen wird, Davids Dynastie am Dasein zu erhalten.

Die heilige Lade stand bisher nur provisorisch in einem einfachen Zeltheiligtum (6,17). Nun will ihr David ein würdigeres Heiligtum aus Zedern, also einen festen wertvollen Tempel errichten. Ein ehrenwerter Entschluß eines frommen Königs, dem der Prophet Natan sofort seinerseits zustimmt (V. 2—3). Der Plan Davids wird nun aber durch eine neue Gottesoffenbarung durchkreuzt: Jahwe hat bisher keinerlei Verlangen danach geäußert, mit der Lade in einem festen

Haus stationiert zu sein, und will auch jetzt seiner bisher üblichen Offenbarungsweise treu bleiben (V. 4—7). Die Äußerung Jahwes, er habe seit dem Exodus aus Ägypten noch nie in einem festen Haus gewohnt (V. 6), ist so zu verstehen, daß er sich trotz der festen Gebäude, in denen die Lade bisher stand, überall nur vorübergehend niedergelassen habe. Aus dem Vers spricht eine bis ins Neue Testament nachklingende (vgl. Joh 4,21; Apg 7,48—49; 17,24) prophetische Polemik gegen den Tempeldienst. Nach Auffassung der Prophetie war es der Allgegenwart Jahwes angemessener, bald hier, bald dort verehrt zu werden. Auch die geplante luxuriöse Ausstattung des neuen Tempels mit Zedern paßt nach Auffassung der Propheten nicht zu der Schlichtheit der bisherigen Jahweverehrung. Daher soll nicht David seinem Gott ein Haus (einen Tempel) bauen, sondern dieser wird ihm ein Haus (eine Dynastie) bauen. Er hat damit schon begonnen, als er ihn aus der Niedrigkeit des Hirtenlebens zum Fürsten und König Israels erwählte. Nun will er ihn zum Ahnherrn einer großen Dynastie machen und auch weiterhin um ihn wie um seine Nachfolger auf dem Thron väterlich besorgt sein. Die Sünden der Vertreter dieser Dynastie sollen ernstgenommen und entsprechend bestraft werden; aber immer wird Jahwe der Vater sein, der den Sohn züchtigt, ihn aber niemals verwirft (V. 8—12). Zu dem Gesagten scheint Vers 13 wenig zu passen, wo es heißt, David selbst dürfe Jahwe keinen Tempel bauen, diese Aufgabe sei vielmehr seinem Sohn vorbehalten. In diesem Vers müssen wir eine Antwort auf die Frage der Nachwelt sehen, die eine Erklärung dafür erwartete, warum Salomo, trotz der Ablehnung eines festen Heiligtums durch Gott unter David, dennoch einen Tempel gebaut habe.

An die Verheißung schließt sich ein wahrhaft königliches Gebet Davids, offenbar im Ladezelt verrichtet, an (V. 18—29). Dabei sitzt oder kauert der König demütig auf dem Boden. Der Inhalt seines Gebetes ist die dankbare Annahme der göttlichen Zusage. David dankt besonders dafür, daß Jahwe ihn in seine sonst verborgenen Zukunftsgeheimnisse habe hineinblicken lassen. Diese ungewöhnliche Gnade kann nach seiner Meinung nur mit der ungeheuerlichen Verheißung in Zusammenhang gebracht werden (die die eigene Person des Beters transzendiert); sie ist ein Zeichen dafür, daß Gott ihm wohlgesinnt ist. Schließlich weitet sich der Blick des Beters auf Volk und Gemeinde aus. Die David gegebene Verheißung hat das Beste des Volkes zum Ziel, letztlich aber die Verherrlichung des großen Namens Gottes. Am Ende des Gebetes steht die Bitte, Jahwe möge das Verheißene für immer Wahrheit werden lassen. — Der Christ weiß, daß nicht so sehr durch David, sondern durch Christus diese dem David gegebene Verheißung verwirklicht worden ist (vgl. Lk 1,32—33); denn Christus allein ist der wahre Sohn Gottes (Hebr 1,5) und der ewige König der Welt (Offb 17,14; 19,16), in dem die davidische Dynastie trotz ihrer Vernichtung mit dem babylonischen Exil in alle Ewigkeit fortlebt.

11. Davids Siege über die Feinde in der Nachbarschaft Israels (2 Sam 8,1—14)

Die kriegerischen Leistungen Davids mußten den unterjochten Nachfolgern wie ein unwirkliches Wunder erscheinen. Bezeichnenderweise heißt es zweimal: „Denn der Herr half David bei allem, was er unternahm“ (V. 6.14). Mag es auch weltgeschichtlich zutreffen, daß David ein so großes Reich nur deshalb in Palästina schaffen konnte, weil im zehnten Jahrhundert weder in Kleinasien und Mesopotamien noch in Ägypten Großstaaten von nennenswerter Kraft vorhanden waren, die das Entstehen dieses Reiches hätten unterdrücken können, die Hauptursache der Entstehung dieses Reiches liegt in der militärisch wie politisch ungemein befähigten Persönlichkeit Davids, vor allem aber im Walten Gottes.

12. Davids höchste Beamte (2 Sam 8,15—18)

Die Liste der hohen Beamten Davids soll uns einen gewissen Einblick in die innere Organisation des Davidsstaates gewähren, nachdem soeben vom äußeren Werden desselben die Rede war. Das neue Königreich Israel wurde neben seinem König von Militär- und Zivilbeamten und Priestern beherrscht. Neben dem demütigen Aufblick Davids auf den göttlichen Gestalter der Geschichte (vgl. 7,18—29) steht seine tatkräftige Mitwirkung nach innen und außen. (Die „Kereter und Peleter“, V. 18, waren Söldner aus Kreta und Philistäa.)

13. Davids Verhalten gegen die Nachkommen Sauls; seine Sorge für Merib-Baal, den Sohn des Jonatan (2 Sam 9,1—13)

Mit diesem Abschnitt beginnt das große, zusammenhängende Stück von der Thronnachfolge Davids. Zunächst wird berichtet, wie David mit den Nachkommen seines Vorgängers Saul verfuhr. Seine Begnadigung des letzten Nachkommen, eines Sohnes seines einstigen Freundes Jonatan, vereinigt Pietät und staatsmännische Klugheit in einem: Auf diese Weise wird dem Vorgänger und vor allem dem gefallenen Freund Ehre zuteil, andererseits bleibt aber auch der etwaige Thronanwärter der „Gegenpartei", der kleine Sohn des persönlich wegen seiner körperlichen Behinderung ungefährlichen Merib-Baal, unter den wachsamen Augen Davids. Die David von Natan gegebene Verheißung (Kap. 7) beginnt ihrer Verwirklichung entgegenzugehen. Sauls Nachkommen können David nicht mehr gefährlich werden, die von Gott an ihre Stelle gesetzte davidische Dynastie kann sich nach außen ungehindert entfalten.

14. Davids Sieg über die Ammoniter und Aramäer (2 Sam 10,1—12,31)

Im vorliegenden Zusammenhang soll der Bericht über den Ammoniter- und Aramäerkrieg Davids von der Sünde des Königs mit der Frau des Urija und dessen Auslieferung an die Feinde erzählen und andeuten, wie sehr der Thron dadurch wie auch durch die nachfolgenden Ereignisse gefährdet war.
Im Aramäerkrieg, der durch eine schwere Verunehrung der wohlmeinend an den Aramäerkönig entsandten Boten Davids ausgelöst wird, zieht der König noch selbst ins Feld und zeigt sich als Krieger (10,17—18). Im Ammoniterkrieg hingegen bleibt er zu Hause (11,1), begeht Ehebruch und wird zum feigen Mörder an einem seiner besten Offiziere! Die Bibel beschönigt nichts. Sie zeigt nur wieder einmal von einer neuen Seite, daß die Heilsgeschichte nicht durch untadelige Menschen, sondern durch Gott selbst — trotz der Sündhaftigkeit der Menschen, auch der besten und erwählten unter ihnen — weitergeführt wird. Gott selbst übernimmt es, die unrühmliche Angelegenheit wieder in Ordnung zu bringen, indem er David schonungslos durch den Pro-

pheten Natan seine Sünde vorhält, ihm selbst zwar nach dem Eingeständnis seiner Schuld die verdiente Todesstrafe erläßt, dafür aber zur Sühne den aus dem ehebrecherischen Verhältnis hervorgegangenen Sohn fordert. Das von Natan vorgetragene Gleichnis stempelt die Sünde Davids als Roheit und Gemeinheit gegenüber einem seiner treuesten Untertanen ab, und der Tod des ehebrecherisch gezeugten Kindes soll Jahwes klares Nein zu der Handlungsweise seines Erwählten vor den seinen Namen lästernden Feinden offenbar machen.
Mit dem Tod des Kindes ist die Sache, wenigstens was die persönlichen Folgen angeht, die sich aus ihr für David ergeben, vor Jahwe erledigt. Wenn Gott vergibt, dann immer ganz, was freilich weitere Strafen innerhalb der Familie des Schuldigen nicht ausschließen wird. Der zweite Sohn der Batseba ist jedenfalls ein Liebling Jahwes und der Nachfolger Davids auf dem Thron. Seine beiden Namen sind von theologischer Bedeutung: „Salomo" heißt er, weil er für David der Beweis dafür ist, daß Jahwe nun wieder völlig mit ihm „Frieden" (hebräisch *šālôm*) geschlossen hat, und der dem Kind von Natan gegebene Name „Jedidja" = „Liebling Jahwes" bekräftigt von Gott her die Meinung des Königs.
Der Leser soll trotz der düsteren Ereignisse wissen, daß der neue Davidssohn, der Nachfolger Davids, seinen Lebensweg unter gnädigen Vorzeichen angetreten hat (11,1—12,25). Damit ruht der Segen Jahwes auch wiederum auf den kriegerischen Unternehmungen Davids gegen die Ammoniter, die für die wichtige Aufbauarbeit im eigenen Lande benutzt werden (12,26—31).

V. David und seine Thronfolge (2 Sam 13—20)

1. Amnons Schandtat an seiner Halbschwester Tamar und seine Ermordung durch Abschalom (2 Sam 13,1—37)

Die Erzählung von der Vergewaltigung Tamars durch Amnon soll einerseits besagen, daß der Prinz ebenso sinnlich veranlagt war wie sein Vater David und daß seine Sünde eine Strafe Gottes für die Sünde des Vaters mit Batseba war. Zum andern leitet sie die eigentliche Thronfolgegeschichte ein. Nachdem Salomo geboren worden ist, erhebt sich ja doch die Frage, wer von den verschiedenen Söhnen Davids den Thron besteigen wird; näherhin soll nachgewiesen werden, warum ihn letztlich nur Salomo besteigen konnte, obwohl seine Halbbrüder Amnon, Abschalom und Adonija den ersten Anspruch darauf gehabt hätten. Jeder von ihnen verlor seinen Anspruch darauf durch eigene Schuld. So wird hinter der ganzen Geschichte das Walten einer höheren Gerechtigkeit sichtbar, ohne daß dies ausdrücklich hervorgehoben wird.

Im Vordergrund des Interesses der ersten Geschichte steht nicht die Prinzessin Tamar, sondern der Konflikt zwischen den beiden ältesten Prinzen Amnon und Abschalom, der für die Geschichte des Davidreiches weitreichende Folgen hat. Amnon hätte nach Auffassung der Erzählung seine Halbschwester legal heiraten können. Dazu aber hatte er offensichtlich keine Lust. Er sah in seiner Halbschwester vielmehr nur das für den Augenblick begehrenswerte Objekt zur Befriedigung seiner ungezügelten Leidenschaft. Um ihrer habhaft zu werden, muß er sich einer List bedienen, da die Mädchen am Königshof streng bewacht wurden. Am Ende steht denn auch der sexualpsychologisch erklärliche Umschwung seiner Liebe in Haß auf die Geschändete, deren Schicksal voller Anteilnahme erzählt wird — sie ist für ihr ganzes Leben zur Ehelosigkeit verurteilt, mag auch ihre Vergewaltigung keine weiteren Folgen haben. Doch auch Amnon muß auf schändliche Weise sein Leben lassen zur Strafe für seine unheilvolle Tat. Der Vollbruder Tamars nämlich rächt auf höchst unehrenhafte Weise seine unglückliche Schwester, um damit seinerseits schwere Schuld auf sich zu laden. (Wahrscheinlich beseitigte Abschalom Amnon nicht nur aus Rache für die Vergewaltigung seiner Schwester, sondern auch weil er der nächste Thronanwärter war. Diese mochte ihm als willkommener Vorwand für die Verfolgung seiner eigentlichen Ziele dienen.) David selbst handelt völlig unmännlich: Er trauert um den Getöteten so, als wäre dieser an seiner Ermordung völlig schuldlos gewesen, und ohne Abschalom zur Rechenschaft zu ziehen.

2. *Abschaloms Begnadigung (2 Sam 13,38—14,33)*

Innerhalb der Begebenheiten um die Thronnachfolge Davids nimmt die Abschalomgeschichte den größten Raum ein. Der erste Abschnitt dieser Geschichte ist trotz des Ernstes der zu berichtenden Sache aufgelockert und nicht ohne einen gewissen Humor, vor allem was das Gespräch zwischen David und der Frau und Abschaloms Verfahren mit Joab angeht.

Die Intervention Joabs zugunsten Abschaloms (14,1—3) ist für uns nicht mehr ganz durchsichtig. Es kann sich nicht um bloße Sympathie für den Prinzen handeln, da Joab später gegen Davids ausdrücklichen Befehl dessen Tod herbeiführt. Vielleicht geht es ihm gar nicht um die Person Abschaloms, sondern um den in seinen Augen besten Kandidaten für die Nachfolge Davids. Jedenfalls bedient er sich zur Durchsetzung seiner Absicht beim König eines ähnlichen Verfahrens wie Natan in Kapitel 12.

Unter der „klugen Frau“ (14,2) ist eine durch Geistesgaben und Autorität ausgezeichnete Frau zu verstehen. Ihr Wohnort Tekoa ist identisch mit der Heimat des Propheten Amos; er liegt zwei Wegstunden südlich von Betlehem. Die von der Frau vorgebrachte Fabel ist durchaus „milieugerecht“ erzählt und hätte sich noch vor einiger Zeit unter den bei Tekoa wohnenden arabischen Beduinen ereignen können. Die Blutrache am Brudermörder soll durch die Sippe des (verstorbenen) Mannes wahrgenommen werden. Im Hintergrund des Berichtes steht wohl die Absicht der Sippe, den „Erben“ zu beseitigen und sich so in dessen Besitz zu setzen. Ziel der psychologisch äußerst geschickt taktierenden Frau ist es, den König zum eidlich verbürgten Einschreiten zu veranlassen, ohne dafür selbst mit *ihrer* Sippe zur Rechenschaft gezogen zu werden (vgl. Ri 15,6). Sie setzt sich damit durch und erreicht, daß nicht mehr sie, sondern der König als Partner der rachelustigen Mannessippe erscheint. Der König ist darauf festgelegt, den Totschlag am Bruder nicht durch neuen Totschlag zu sühnen, sondern Gnade walten zu lassen.

Damit ist der Boden für die Konkretisierung der Fabel geebnet. Dies geschieht vorsichtig, aber unmißverständlich. An die Stelle der Familie tritt das „Volk Gottes“, der Schuldige heißt der „verstoßene Sohn“, und der König selbst wird als „schuldig“ gegenüber dem „Volke Gottes“ bezeichnet, wenn er den Verstoßenen nicht heimkehren läßt (14,13). 2 Sam 14,14 könnte sich auf Amnon beziehen: Den Toten bekommt man selbst durch Härte gegen den Lebenden nicht wieder ins Leben zurück, man sichert durch solch gnadenvollen Akt vielmehr vor Gott sein eigenes Leben. Am Schluß ihrer Rede kehrt die Frau wieder zu ihrem Fall zurück. Dabei wird der Anschein erweckt, als sei ihr eigener Fall der eigentliche Grund ihres Erscheinens vor dem König und die Nennung des verstoßenen Königssohnes nur nebenbei mitgenannt worden (14,15—17). Doch bleibt weiterhin alles doppeldeutig.

David merkt trotz dieser Taktik sofort, worauf die Frau hinaus will, und tippt auf Joab als den, der sie zu ihm geschickt hat. Die Frau kann dies nicht nur nicht leugnen, sondern sie erinnert David überdies auch an seine beeidete Zusage, um wirkungsvoll mit einem echt orientalischen Lob der engelgleichen Weisheit seiner Entscheidungen zu schließen (14,18—20). So läßt sie als wahrhaft „kluge Frau“ dem Mann den scheinbaren Sieg.

In der Folge ist von der Frau nicht mehr die Rede. Statt dessen erzählt der Text kurz von der Rückberufung Abschaloms, bei der von einer inneren Beteiligung Davids keine Rede ist. Der mit der Zurückholung beauftragte Joab äußert seinen ehrlichen Dank im üblichen, überschwenglichen orientalischen Hofzeremoniell. Abschalom darf jedoch trotzdem nicht am Königshof selbst leben; er verbleibt vielmehr vorerst in einer Art freien Hausarrests in einiger Entfernung davon (14,21—24).

2 Sam 14,25—27 schildert die Persönlichkeit Abschaloms. Er sei wie seine Schwester Tamar schön gewesen und habe ein schweres langes Haar gehabt. (Die Gewichtsangaben in V. 26 sind nicht zu pressen.) Die Angaben über seine Familie (V. 27) widersprechen 18,18, wonach er keinen Sohn hatte — vielleicht ist an der Parallelstelle von Söhnen deshalb keine Rede, weil sie früh starben, was zugleich die Erwähnung der einzigen Tochter, die den Namen ihrer Tante trug, erklären würde.

Die Schlußepisode (14,28—33) charakterisiert Abschalom als einen zielbewußten Mann. Als Joab seiner Aufforderung zu einer Unterredung nicht Folge leistet, läßt er ihm kurzerhand seine Gerste anzünden, was dann auch den gewünschten Erfolg hat. Weniger Geschick entwickelt er in dem, wie er sein Verhalten gegenüber Amnon darstellen läßt — darin ist er fürwahr schuldig geworden! Vielleicht will der Erzähler mit dieser Art der Behandlung der Schuldfrage andeuten, daß Abschalom vor Gott nicht schuldiger wurde als David selbst gegenüber Urija. Am Ende steht jedenfalls die Wiederaufnahme des Königssohnes durch den Vater, die mit einem versöhnlichen Kuß besiegelt wird.

3. Abschaloms Aufstand (2 Sam 15,1—12)

Der äußerlich mit dem Vater versöhnte Prinz bleibt nicht untätig. Er kann und will nicht warten, bis ihn der Vater förmlich zu seinem Nachfolger deklariert, sondern er nimmt diese Frage entschlossen in die eigene Hand. Zunächst umgibt er sich mit einer propagandistisch auf das einfache Volk sehr wirksamen Leibwache — eine heidnische Einrichtung, die vorher in Israel nicht Sitte war (vgl. Gen 41,43; 1 Sam 8,11). Adonija wird hierin von seinem Halbbruder lernen (1 Kön 1,5). Außerdem weiß er geschickt das Kommen von Israeliten zu einem gerichtlichen Termin am obersten königlichen Gericht für seine Zwecke auszunutzen: Er fängt jeden am Tor des Regierungsgebäudes ab, besonders wohl jeden Angehörigen der mit der Rechtsprechung Davids unzufriedenen Nordstämme, und verspricht ihm für den Fall seiner Königwerdung eine gerechtere Rechtsprechung, wobei sein charmantes Äußeres (vgl. 14,25—26) und sein scheinbar die sozialen Unterschiede aufhebendes Verhalten (V. 5) wesentlich dazu beitragen, daß er die Sympathie der Leute für sich gewinnt (V. 6).
Vier Jahre läßt er sich dafür Zeit. In dieser Zwischenzeit werden die für ihn peinlichen Vorgänge um Amnon in den Hintergrund gedrängt, und die von ihm ausgestreute Saat fängt an aufzugehen. Dann beginnt er mit seinem Aufstand gegen David. Ganz harmlos bittet er seinen Vater um die Erlaubnis, nach Hebron gehen zu dürfen, um dort ein Gelübde einzulösen. David scheint von den Machenschaften seines Sohnes nichts mitbekommen zu haben und auch hinter dessen Bitte nichts Böses zu wittern; so gewährt er ihm ohne weiteres seine Zustimmung. Die Wahl des Prinzen scheint deshalb auf Hebron gefallen zu sein, weil es seine Geburtsstadt war (3,2—3), vielleicht auch deshalb, weil die Stadt es David verübelte, daß er seine Residenz von

ihr nach Jerusalem verlegte. Seine nichtsahnenden Parteigänger nimmt Abschalom gleich mit. Überdies schürt er durch Sendboten unter allen Stämmen Nordisraels — an Juda scheint ihm weniger gelegen zu sein — Aufruhr, indem er sie offen auffordert, ihn in Hebron zum König auszurufen (V. 10). Unter den Parteigängern Abschaloms wird Ahitofel besonders genannt (V. 12), der Großvater der Batseba (11,3; 23,34), der es David vielleicht trotz seiner Beratertätigkeit an dessen Hof nicht verzeihen konnte, daß er so hinterhältig in die erste Ehe seiner Enkelin eingebrochen war — vielleicht war er auch inzwischen von dieser Beratertätigkeit entbunden worden, was ihn gegen den König aufbrachte; denn der Text bemerkt, Abschalom habe ihn aus seinem Wohnort Gilo im Hebroner Einflußbereich (vgl. Jos 15,51.54) holen lassen (V. 12a).

Unbeachtet durch David, türmt sich so hinter seinem Rücken eine schwere innenpolitische Krise auf (V. 12b). Eigenmächtig versucht Abschalom die Zukunft der Geschichte seines Volkes zu bestimmen. Gespannt verfolgt der Leser die weiteren Ereignisse: Wird der Prinz Erfolg haben?

4. Davids Flucht aus Jerusalem (2 Sam 15,13—16,14)

Auf die Nachricht, daß auf die Nordstämme im Augenblick kein Verlaß mehr sei, und in der Furcht, dies könne auch für Juda zutreffen, flieht David mit seiner Familie über den Ölberg in die Wüste Juda. In seiner Begleitung beläßt er seine Leibgarde, die kriegstüchtigen Männer Jerusalems und die „Fremdenlegion“ der Kreter und Peleter. Die als nicht gefährdet angesehenen Nebenfrauen werden zurückgelassen, um den Königspalast zu hüten. Auch die mit aufgebrochenen Priester erhalten den Auftrag, mit der Bundeslade in die Stadt zurückzukehren, um sich womöglich einerseits die Gnade Gottes zu sichern, andererseits in der Stadt Vertraute zu haben, die ihn über die Vorgänge dort auf dem laufenden halten können. Den Marsch tritt David in der Haltung des Trauernden und Büßenden an, um Jahwe, solange noch Zeit ist, zu besänftigen. Die Nachricht vom Abfall Ahitofels zu Abschalom (V. 5,31) ist für den König ein schwerer Schlag, dem er mit einem Stoßgebet und mit der Entsendung seines Getreuen Huschai zu Abschalom in die Stadt begegnet, um durch ihn einen etwaigen Ratschlag Ahitofels zu vereiteln.

Auf der weiteren Flucht hat der König zwei Erlebnisse, ein erfreuliches und ein bedrückendes. Beide haben es mit dem Hause Sauls zu tun. Ziba, der Wirtschafter Merib-Baals, erweist David seine Anhänglichkeit, mag er auch darin recht unglaubwürdig erscheinen, daß er von seinem Herrn berichtet, er hoffe auf einen Königsthron in Nordisrael (16,3). Schimi, ein entfernter Verwandter Sauls, scheint David die Schuld am Tode Abners und Ischbaals, wenn nicht gar auch am Tode Sauls zu geben. Jedenfalls erträgt David dessen Schmähungen demütig und gelangt dadurch wieder ganz in die totale Abhängigkeit von Gott zurück, in der er sich schon einmal auf der Flucht vor Saul befand.

5. *Abschalom in Jerusalem (2 Sam 16,15—17,23)*

In der vorliegenden Geschichte geht es hauptsächlich um die beiden Berater Abschaloms; sie entscheiden das Geschick Abschaloms und Davids und damit ganz Israels. Für den Parteigänger Davids, Huschai, ist es gar nicht leicht, die Gunst Abschaloms zu gewinnen. Er beruft sich auf die geltenden Rechtsverhältnisse: König ist der von Gott Bestimmte und vom Volk Ausgerufene; damit hat er auch Erfolg und wird von Abschalom akzeptiert. Das ist freilich vorerst auch alles. Zunächst behält Ahitofel noch das Übergewicht, der seinem Herrn die Inbesitznahme des Harems seines Vaters anrät. Ähnliches ist von David in bezug auf Saul berichtet worden (12,8) und dürfte damaliger Praxis entsprochen haben; hier liegen jedoch die Dinge insofern anders, als es sich um den Harem des Vaters und um einen Verstoß gegen das Inzestverbot handelt, der den Verlust des Erstgeborenenrechtes nach sich zog (vgl. Gen 35,22; 49,3—4). Freilich wird Abschalom wohl nur äußerlich den Harem seines Vaters betreten haben, was allerdings nichts daran änderte, daß das Verhältnis von Vater und Sohn dadurch für immer korrumpiert ist. Ein weiterer Rat des Ahitofel bezieht sich auf einen nächtlichen Überfall des Lagers Davids unter seiner persönlichen Führung. In dieser tödlichen Gefahr für David gelingt es Huschai jedoch, bei Abschalom Gehör zu finden. Seine Rede ist ein Meisterstück orientalischer Beredsamkeit. Tatsächlich gelingt es ihm mit ihrer Hilfe, Abschalom und seine Umgebung vor der vermeintlichen Übermacht Davids und seiner Leute zu erschrecken und ihn zu bewegen, von dem Vorschlag Ahitofels Abstand zu nehmen. Um David über den Stand der Dinge zu informieren, bedient sich Huschai der beiden dazu bereitgestellten Priestersöhne, mit denen er durch eine zuverlässige Magd in Kontakt bleibt, die jedoch trotzdem beobachtet werden und sich nur in einem Versteck retten können. Nachdem sie ihre Botschaft David ausgerichtet haben, überschreitet dieser noch in der Nacht, die dem Tag seiner Flucht folgt, den Jordan. Damit ist Huschais Plan gelungen und David vorerst gerettet. Ahitofel aber beantwortet die Entscheidung Abschaloms gegen seinen Rat und für den seines Nebenbuhlers Huschai mit Selbstmord in der richtigen Erkenntnis, daß damit nicht nur Abschaloms, sondern auch seine eigene Sache verloren ist und ihn selbst nach dem Siege Davids die Hinrichtung als Verräter erwartet. Der Leser soll zwischen den Zeilen lesen, daß Jahwe selbst die Machenschaften Abschaloms mißlingen ließ, um David gegenüber in seinem Wort zu bleiben (vgl. 2 Sam 7).

6. *Abschaloms Niederlage und Tod (2 Sam 17,24—19,9a)*

Abschalom ist infolge des Rates Huschais mit seinem schwerfälligen, nicht so kriegsgeübten Heerbann gegenüber seinem in einer geeigneten Befestigung des Ostjordanlandes eingenisteten Vater und dessen gutgeschulten Spezialtruppen von vornherein im Nachteil. Überdies wird David von ostjordanischen Freunden spontan mit Essen versorgt. An der Schlacht selbst nimmt David auf Wunsch seiner Leute nicht teil — seine Person soll in jedem Fall geschont werden; außerdem soll sie den Kämpfenden als Rückendeckung dienen. Davids laut vorgebrachter Befehl an die in den Kampf Ausziehenden, Abschaloms Leben zu schonen, bringt nicht nur die Siegeszuversicht, sondern auch die Bereitschaft des Königs zum Ausdruck, sich mit dem rebellischen Sohn zu versöhnen. Während der Schlacht im gestrüpp- und waldreichen, unübersichtlichen Ostjordanland erweist sich schnell die Unterlegenheit des Heeres Abschaloms. Abschalom bleibt beim schnellen Reiten auf seinem Maultier in einem Terebinthengeäst hängen, so daß ihn Joab mit seinen Leuten entgegen dem Befehl des Königs, aus Gründen der Staatsräson, schnell und mühelos erledigen kann. Die Art der Hinrichtung des Königssohns zeigt Ähnlichkeiten mit der des Achan in Jos 7,25. Damit ist der Kampf zu Ende, geht es doch nicht um die

Aufreibung des israelitischen Heerbannes, sondern um die Erledigung des Mannes, der den Bestand der davidischen Regierung gefährdete. Die Siegesbotschaft erfüllt den König nicht mit Freude, sondern mit tiefem Schmerz wegen des Todes seines Sohnes, an dem er trotz allem hängt — noch im Fortgehen von der Stätte, wo ihn die Unheilsbotschaft erreichte, stimmt er die Totenklage an. In ihr verharrt er so lange, bis ihn Joab energisch aus seiner Lethargie herausreißt und zur Abnahme des Vorbeimarsches seiner Krieger, das heißt zur Anerkennung ihrer Leistung in seinen Diensten, gewinnt.

7. Davids Heimkehr nach Jerusalem (2 Sam 19,9b—44)

Davids Heimweg wird ähnlich geschildert wie sein Fortzug. Der Umschwung der Situation wird ebenfalls durch einzelne Episoden zum Ausdruck gebracht. Die zu Abschalom abgefallenen Nordstämme zeigen keinerlei Reue, sondern argumentieren rein realpolitisch: Ihr neuer König ist tot, so halten sie sich eben wieder an den alten! (V. 11). In der Folge entsteht ein keineswegs selbstloser Wettstreit unter den Stämmen darüber, wer den König heimgeleiten soll. Dabei mobilisiert David den Heerbann Judas, den er dadurch für sich einnimmt, daß er den von Abschalom eingesetzten Feldherrn Amasa in seinem Amt bestätigt. Dies hat die Absetzung Joabs zur Folge, die allerdings sowieso durchgeführt werden muß, da dieser dem Befehl des Königs, betreffend die Schonung Abschaloms, zuwidergehandelt hat (V. 12—16). Unter den ihre Dienste anbietenden Leuten aus dem Nordreich befinden sich auch Schimi und Ziba. Beide haben Grund, ihre Loyalität David gegenüber unter Beweis zu stellen, da sie zur Familie Sauls gehören; Schimi muß überdies befürchten, von David wegen seines früheren Verhaltens ihm gegenüber (vgl. 16,5—7) hingerichtet zu werden. Er kann aber die berechtigte Hoffnung hegen, unter die bei einer erneuten Herrschaftsübernahme übliche Amnestie zu fallen. Ohne den Versuch, sein früheres Verhalten zu entschuldigen, gibt er seine Schuld reuelos zu und rechnet sich noch als Verdienst an, als erster Mann des Nordreiches das Eis gebrochen zu haben und zu David übergegangen zu sein. Trotz des Einspruchs Abischais sichert ihm David die Amnestie zu, ohne deshalb auf eine spätere Vergeltung zu verzichten (V. 17—24; vgl. 1 Kön 2,8—9.36—46). Zu den

David entgegenkommenden Leuten aus der Familie Sauls gehört auch Merib-Baal, der bei David in Verruf geraten ist, weil er sich bei dessen Flucht aus Jerusalem unbeteiligt gezeigt hat. Er kann sich wohl damit rechtfertigen, daß ihn sein Diener in jener Stunde im Stich gelassen und sein körperlicher Zustand ihm verboten habe, David seine Aufwartung zu machen; doch bleibt David verärgert und entzieht ihm die Hälfte seines Vermögens (V. 25—31). Den Abschluß der Begegnungen bildet die zwischen David und dem Greis Barsillai, der ihn in der Stunde der Not so spontan versorgt hat und dem gegenüber er sich in echt königlicher Weise erkenntlich zeigt (V. 32—41).
Der letzte Abschnitt (V. 42—44) bildet einen Übergang zum nächsten Kapitel. Er deutet an, daß die Gegensätze zwischen Nord und Süd nach wie vor vorhanden und David bekannt sind.

8. Schebas Aufstand gegen David (2 Sam 20,1—22)

Diese Geschichte ist als eine Art Anhang zu den Begebenheiten um Abschalom zu verstehen. In (Nord-)Israel ist es zu einer Revolte gegen David gekommen, dessen Anstifter möglicherweise ein Mann aus der Sippe Sauls war. Die von diesem ausgegebene Parole (V. 1) ist einprägsam-rhythmisch gestaltet und ruft zur Loslösung von David, also zur Annullierung der Personalunion seines Königtums über Juda und Israel sowie zur Beendigung der gegenwärtigen Aktion des israelitischen Heerbannes auf („alle Israeliten nach Hause!"). Inzwischen bereinigt der von den Judäern unterstützte David seine häuslichen Angelegenheiten in Jerusalem: Er isoliert die von Abschalom in Besitz genommenen Nebenfrauen (16,22) von seinem übrigen Harem, indem er zwar auch fernerhin ihren Unterhalt bestreitet, sie im übrigen aber unberührt läßt und damit — eine menschliche Tragik wie die der Tamar (13,1—22) in einer ausschließlich von Männern regierten Gesellschaft! — zu „Witwen" auf „Lebenszeit" macht (V. 3). Unglücklicherweise beauftragt David Amasa gemäß seinem Eid (19,14) mit dem Oberbefehl des judäischen Heeres an Stelle des abgesetzten Joab, eines Verwandten Amasas (17,25), und zwar ohne Joab zuvor aus dem „Offizierkorps" zu entfernen (V. 7). So kommt es zu einer noch schlimmeren Tragödie, zur hinterhältigen Ermordung Amasas durch Joab und zur Selbsternennung Joabs zum Oberbefehlshaber des davidischen Heeres (V. 8—13). (Joab sollte dieses Amt auch bis zum Tode Davids behalten — V. 23 —; seine Bestrafung konnte erst unter Salomo erfolgen — 1 Kön 2,34.) Militärisch hat der in dieser Beziehung überaus tüchtige Joab Erfolg. Es gelingt ihm, Scheba mit seinen Soldaten in Abel-Bet-Maacha (das heutige Abil, nahe Dan, nördlich des Hule-Sees) einzuschließen und zu belagern, ja, nachdem eine „kluge Frau“ (V. 16) in ähnlicher Weise wie die ihr ebenbürtige Frau von 14,2—4 zugunsten ihrer Stadt interveniert hat, die Tötung Schebas durch seine eigenen Gefolgsleute zu erreichen, womit der Feldzug beendet ist (V. 14—22).

9. Davids höchste Beamte (zweite Liste: 2 Sam 20,23—26; vgl. 2 Sam 8,15—18)

Die erneute Liste der obersten Beamten Davids soll mit ihren Änderungen an dieser Stelle besagen, daß die große Gefährdung seines Königtums überwunden und Ruhe und Ordnung wiederhergestellt sind.

VI. Nachträge zur Davidsgeschichte (2 Sam 21—24)

1. Davids Verhalten gegen die Nachkommen Sauls (2 Sam 21,1—14)

Die Davidsgeschichte schließt mit ein paar Nachträgen. Der erste dieser Nachträge muß aus der Frühzeit der Regierung Davids stammen (vgl. 9,1; 16,8). Um eine Schuld Sauls, die dem Lande die göttliche Strafe einer Hungersnot brachte, zu sühnen, läßt David sieben Nachkommen Sauls den Gibeoniten zur Hinrichtung ausliefern, verschont aber den Sohn seines alten Freundes Jonatan, da Jonatan ja im Gegensatz zu seinem Vater zu ihm gehalten und sich damit deutlich von den Sünden seines Vaters Saul distanziert hatte. Die Erzählung macht deutlich, daß David das uns grausam anmutende Werk nur zuließ, um die nach damaliger Auffassung mit ihrer Vorstellung von der Sippenhaftung gestörte Ordnung wiederherzustellen. Nach der zeitgenössischen Theologie war die Ausmerzung des von Gott verworfenen Geschlechtes notwendig, damit die Gnade Jahwes über dem Geschlecht

Davids leuchten konnte. In diesem Sinne erscheint die Stellung der Geschichte gerade an diesem Platz äußerst wirkungsvoll. Am Ende aller menschlichen Schuld, auch derjenigen Davids selbst, steht die Gnade Gottes, die sich auf dem Hintergrund menschlichen Versagens nur um so strahlender abhebt und die eigentliche Trägerin der Heilsgeschichte ist. Trotz allem: Wirkt die rührende Handlungsweise der Rizpa nicht wie ein leiser Vorwurf an die rauhen Männer, die nur die Gesetze der Blutrache kennen? Klingt hier nicht etwas von der ideologisch verschütteten Liebe an, die größer sein sollte als die Rache?

2. Vier Siege über riesenhafte Philister (2 Sam 21,15—22)

Vier Anekdoten aus den Philisterkriegen werden sämtlich dadurch zusammengehalten, daß der philistäische Gegner jedesmal als ein riesenhafter Mann geschildert wird. Vielleicht soll dadurch noch einmal deutlich werden, daß die Befreiung von der Philisterherrschaft die Vorbedingung für den Aufstieg Israels unter David war. Wenn man sich daran erinnert, welche Bedeutung in diesem Zusammenhang der Sieg Davids über Goliat hatte, wundert man sich nicht, hier auch die anderen Siege über solche „Riesen" zusammengefaßt zu finden. Die Eingangsgeschichte (V. 15—17) illustriert die Loyalität und Ehrfurcht der Männer Davids gegenüber ihrem König. („Leuchte Israels" ist ein Bild für die davidische Dynastie, die nicht gefährdet werden darf; vgl. 1 Kön 11,36; 2 Sam 14,7.)

3. Davids großer Dankpsalm (2 Sam 22,1—51)

Der Text des Psalms ist nochmals im Buch der Psalmen überliefert (Ps 18). An dieser Stelle ist er sozusagen ein theologischer Kommentar zur gesamten Davidsgeschichte: Der Sieg des Königs und damit Israels über seine Feinde ist im letzten eine einzige Offenbarung des mächtigen und großen Gottes, des Herrn der ganzen Welt. Der Psalm stammt wahrscheinlich wirklich von David, wurde dann aber erweitert und in ein Danklied jedes beliebigen Königs umgewandelt. Der königliche Sänger beginnt mit einem hymnischen Aufgesang an Gott, der den Sieg geschenkt und sich so als Schützer seines Königs erwiesen hat (V. 2—3). Es folgt eine mythenähnliche, hochdichterische, stark bildhafte Schilderung der Rettung, die Jahwe dem Beter zuteil werden ließ (V. 4—20). Sodann wird der Grund des Sieges genannt: Der König ist das Urbild eines „Gerechten", eines im Bunde mit Jahwe lebenden Israeliten; seine „Gerechtigkeit" wirkt sich heilsam für das ganze Volk aus (V. 21—28). Daran schließt sich ein hymnischer Lobpreis auf den seinen Getreuen so hilfreichen Gott und Kriegsherrn an (V. 29—35), während eine nochmalige (wohl erst später angefügte) Schilderung erneut die Errettung des Königs beschreibt, durch die dieser zum Herrn der fremden Völker wurde (V. 36—49). Der Abgesang (V. 50f) verherrlicht schließlich die dem davidischen Hause gewährte Hilfe Jahwes im allgemeinen.

4. Davids „letzte Worte" (2 Sam 23,1—7)

Ein weiterer hier eingefügter Lobgesang Davids fungiert als Davids „letzte Worte", ähnlich denen Jakobs (Gen 49) und Moses (Dtn 33). In einem weisheitlich-prophetischen Spruch (zu seiner Einleitung vgl. Num 23,3.19 und Spr 30,1) nennt sich David den Mann, der hoch erhoben wurde, den Gesalbten Gottes und den Sänger Israels. Es ist davon die Rede, daß Jahwes Geist den Sänger zum Reden befähigt und daß ihm der Gott Israels die lichtvolle Segensmacht des gerechten und gottesfürchtigen Herrschers kundgetan habe. Das ganze Haus Davids steht im Sonnenglanz des ewigen Bundes, in dem Jahwe David eine beständige Dynastie verheißen hat. Deswegen steht der Spruch wohlbedacht in der Mitte des ganzen Schlußteils, wie die genannte Natansverheißung (2 Sam 7) in der Mitte der gesamten Davidsgeschichte steht. Der Spruch ist somit Rückblick und Ausblick in einem, insofern hier einmal die dem David widerfahrene Kernprophetie wiederholt und andererseits das theologische Programm für die Zukunft der Dynastie entwickelt wird. Das Entscheidende im Leben Davids und seiner Dynastie war und wird sein, daß Jahwe zu seinem Bund steht und dem König „Heil, Rettung" zuteil werden läßt. Sein Gegenbild sind die Unbegnadeten, die Gegner des Königs, deren Ende die Verwerfung ist. So heben Psalmist (Kap. 22) und Prophet (Kap. 23,1—7), jeder in seiner Weise, die für das Leben Davids und den Fortbestand seiner Dynastie einzig gültige Wahrheit hervor, daß Jahwe „mit" David und seinem Hause ist.

5. Die Helden Davids (2 Sam 23,8—39)

Zur Rückschau auf das Leben Davids gehört passenderweise auch eine Heldenliste, war doch die Zeit Davids eine kriegerische Zeit und er selbst ein rechter Kriegsmann (vgl. 1 Kön 5,17; 1 Chr 28,3). Wohl nicht von ungefähr steht am Ende der Name dessen, den David selbst verraten hat. Damit wird verhindert, daß der Blick des Lesers zu stark auf David und seine Männer fällt. Der entscheidende Faktor der Davidsgeschichte waren nicht diese Männer, sondern einzig und allein die Gnade Gottes, seine Hilfe und Vergebung. (Das Wort „Helden" bedeutet eigentlich Berufskrieger, die David nach dem Vorbild Sauls — 1 Sam 14,52 — um sich sammelte. Die Gruppe ist, höchstwahrscheinlich nach ägyptischem Vorbild, auf dreißig begrenzt. Die ganze Institution der „Helden" dürfte ihren Anfang genommen haben, als David noch Stadtkönig von Ziklag war — 1 Sam 27,1—3.) Die Anekdote in Vers 13—17 ist ein schönes Beispiel für das Verhältnis Davids und seiner Männer untereinander. Der Vorgang fällt in die Zeit vor 5,17—21. David will sich nicht an dem laben, woran seine Männer ihr Leben gewagt haben.

6. Davids Volkszählung und der Kauf des Tempelplatzes (2 Sam 24,1—25)

Wie in Kapitel 21 handelt es sich auch hier um eine Zornesäußerung Jahwes, die eine Sühnehandlung erforderlich macht. Außerdem geht es in beiden Texten um einen (freilich jeweils verschiedenen) heiligen Ort.

Den Grund für die harte göttliche Bestrafung der Volkszählung Davids wird man in Davids Vorhaben zu sehen haben, den Heerbann zu verändern oder aufzulösen. Das bedeutete nach damaliger Auffassung einen unmittelbaren Eingriff in das Heilige, ja eine Ersetzung der geistgewirkten Einrichtung durch menschlich-organisatorische Maßnahmen, und damit Herausforderung des heiligen Gottes. Etwas davon muß Joab gespürt haben, der David das Gewagte seines Vorhabens vor Augen führt (V. 3), nicht zuletzt auch David selbst, wenn auch erst nach vollendeter Tat (V. 10), die ihm die Mächtigkeit der hinter ihm stehenden Mannschaft gewahr werden läßt (V. 9 — die Zahl ist unge-

wöhnlich hoch und zweifellos übertrieben). Jahwe gibt David durch den Propheten Gad (vgl. 1 Sam 22,5) die Möglichkeit, zwischen drei an sich gleich schlimmen Strafen zu wählen; David entscheidet sich lediglich allgemein für eine Strafe, die direkt von Jahwe her kommt, weil er im tiefsten seines Erbarmens gewiß ist (V. 10—15). So bestimmt denn Jahwe Art und Dauer der Strafe: Eine Pest soll das Volk verringern. Noch vor Ablauf des Termins jedoch wird dem Pestengel Einhalt geboten und damit bedeutet, daß David recht hatte, als er sich auf das Erbarmen des göttlichen Richters verließ (V. 16—17).
Die Stelle, an der der Pest Einhalt geboten wird, erwählt David zur Kultstätte – es handelt sich bei ihr um den späteren Tempelplatz. Dabei handelt David auf Geheiß des Propheten Gad. Er soll auf der Tenne eines Urbewohners Jerusalems Jahwe einen Altar errichten, der daraufhin der Seuche Einhalt gebieten werde. In Befolgung dieser Weisung zieht David mit seinen Dienern vor die besagte Tenne und erwirbt nach einer längeren orientalischen Verhandlung (vgl. Gen 23) schließlich den Grund und Boden (V. 18—25). Damit ist die Voraussetzung für den Tempelbau unter Salomo, dem Nachfolger Davids auf dem Thron, gegeben (1 Kön 5,15—6,38), und David kann als König von der Bühne der Geschichte abtreten (1 Kön 2,10).